Hans Wachenhusen

Miss Lydia

1. Band

Hans Wachenhusen

Miss Lydia
1. Band

ISBN/EAN: 9783744667418

Hergestellt in Europa, USA, Kanada, Australien, Japan

Cover: Foto ©ninafisch / pixelio.de

Weitere Bücher finden Sie auf **www.hansebooks.com**

Miß Lydia.

Erzählung

von

Hans Wachenhusen.

Dritte Auflage.

Berlin.
Otto Janke.

I.

In einem großen Eckhause am Boulevard des Italiens — ich erzähle hier eine wahre Geschichte — hatte Mr. Markland, einer der reichsten Geschäftsmänner aus Newyork, dessen Fabriken ohne seine Anwesenheit ruhig fortarbeiteten, seine Wohnung aufgeschlagen.

Mr. Markland war nach Paris nur mit einer Tochter gekommen, seinem einzigen Kind, das er bei sich führte, da er Wittwer, der mehr pikanten als schönen Lydia, in der sich frühzeitig ein kosmopolitischer Hang nach Unabhängigkeit ausgebildet, der Mr. Markland sehr wohl gefiel. Sam, der Diener, und Fanny, die Zofe, waren sein Gefolge.

Er hatte für schweres Geld zwei Salons und drei Zimmer in der Bel-Etage eines vornehmen Hotel garni gemiethet und trat mit all' den Ansprüchen auf, die seinem immensen Reichthum gebührten.

Mr. Markland war ein Mann von fünfzig und wohl noch einigen Jahren. Er war breitschultrig, knochig, wohlbeleibt, nicht groß, aber er stand mastig in seinen Schuhen.

Sein Scheitel war schon sehr entlaubt, röthlicher Flaum träufelte sich nur noch als spärlicher Nachwuchs über der blanken Stirn, zwei kleine rothblonde Löckchen bogen sich auf jeder Seite über dem Ohr gegen die Schläfen, dicke rothgelbe Bart-Coteletten senkten sich von den sommersprossigen verwit-

terten lederartigen Wangen, über dem Kinn in zwei gleiche
Hälften getheilt, fein und wie angefengt gekräufelt über die
Cravatte herab. Seine Augenbrauen von derselben blonden
Schattirung standen stachelartig vor über den austergrauen,
mit zahllosen kleinen Fältchen umkritzelten Augen, unter denen
zwei müde Säckchen hingen. Seine Nase war kräftig angedeutet, im Uebrigen glich sie vielen anderen Nasen. Die
Sommersprossen auf dem von der Gewohnheit materieller Ge-
nüsse gerötheten Gesicht, auf den fleischigen Händen, nüancirten
mit der Bartfarbe.

Mr. Markland kleidete sich stets mit der Eleganz alter
Herren, die keine Sorge, als die für ihre Toilette haben. Er
liebte in seinem Anzuge die grauen Farben bis auf graue
Handschuhe, deren er täglich ein Paar verbrauchte. Am liebsten
trug er das Pince-nez auf der Nase.

Ein bischen breitspurig war er in seinem Wesen, umständlich, bequem, und deshalb unbequem für Andere. Er
that Nichts, ohne seine Absicht durch eckige Armbewegungen
vorzubereiten. Sein alter Diener Sam aber verstand Alles,
was er so annoncirte; er wußte was Mr. Markland wollte,
wenn er hustete, wenn er sich die Nase schnaubte, wenn er sich
räusperte, wenn er mit der Hand über die Coteletten glitt und
einzelne Haare derselben zwischen den Fingerspitzen zog. Er
wußte sogar, was sie wollten, wenn seines Herrn Stiefel
knarrten; nur wenn sein Herr mit beiden Händen in den
Hosentaschen dastand und die Augen zukniff, wußte er nicht,
was Mr. Markland wollte, denn in solchen Fällen wußte dieser
es selber noch nicht.

Mr. Markland ersparte sich auf diese Weise viel über-
flüssige Worte und gelangte dadurch zu einer bequemen Schweig-
samkeit. Er brauchte nie zu sagen: Sam, die Zeitung! —
Sam, einen Wagen! — Sam, ich komme um die und die
Stunde nach Hause, halte den Thee bereit! oder: Sam, wo
ist meine Tochter? — Der Diener las Alles auf seinem Gesichte,
in seinen Bewegungen, und der alte treue Freund mit seinen

sechzig Jahren, seinem runzeligen, servilen, immer aufpassenden Wesen hatte es dabei nicht schlecht, denn sein Herr hatte eine vortreffliche Verdauung, und diese zu erhalten war Sam ein Gedanke der Selbsterhaltung.

Sam war schmächtig von Gestalt, schon sehr zusammengefallen und gebückt. Er hatte keine Haare mehr auf dem spitzen Kopf, nur im Nacken zog sich ein kleiner Kranz zu den beiden etwas abstehenden Ohren. In seinem schmalen, länglichen, bartlosen Gesicht, in seinen kleinen grauen Augen lag immer dienstfertige Spannung. Seine langen, abgemagerten Hände zitterten schon, wenn sie etwas Schweres trugen, seine Knieen waren schon vom Alter geknickt, aber man sah es nicht, denn er trug stets einen langen, hell lederfarbigen Gehrock, mit weißen blanken Knöpfen. Seine weiße Cravatte war untadelhaft; er besaß deren zu Hunderten und täglich ward sie zweimal gewechselt; ebenso der schmale Stehkragen, der stets in blendender Weiße über die Cravatte hervorragte.

Von Sam wäre an Personalbeschreibung Nichts weiter zu sagen. Er schien immer fieberhaft erregt, aus Besorgniß, seinem Herrn irgend etwas nicht recht zu machen. War er bei diesem im Zimmer, so blinzelten seine kleinen Augen stets auf ihn; vielleicht sah er ihn sogar, wenn er ihm den Rücken gewendet, was er aus Respect zu vermeiden suchte. Jedenfalls hörte er seinen Herrn, selbst wenn dieser schwieg.

Sam's Stirnhaut war deshalb nicht nur vom Alter, sondern auch von steter Spannung linienartig in Falten gelegt; um seine schmalen, eingesunkenen Lippen zuckte es immer. Sein Tritt war leise, kaum hörbar. Er säuselte nur durch das Zimmer. Er wagte es auch nicht, in Gegenwart seines Herrn zu husten oder gar zu niesen, viel weniger sich zu schnäuzen. Die einzige selbstständige Bewegung, die er sich vor ihm gestattete, bestand darin, mit zitternder Hand nach den blanken Rockknöpfen auf seiner Brust zu tasten, um sich zu überzeugen, ob diese alle geschlossen oder die Hand zu der weißen Cravatte zu heben und die kleine Schleife in ihre richtigen Falten

1*

zu legen, und diese Bewegung war eine lange, lange Ge= wohnheit.

Sam war seit Jahren, o seit vielen Jahren nur für seinen Herrn auf der Welt. Ihn verband das aufrichtigste Dank= gefühl dem letzteren, denn Mr. Markland hatte väterlich für Sam's Kinder gesorgt; sie waren in seinen industriellen Eta= blissements mit guten Gehältern angestellt, bevorzugt wegen ihrer Fähigkeit und ihres Diensteifers, und Sam sah also in seinem Herrn die Vorsehung seiner Familie, die ihm noch lange zu erhalten sein tägliches Gebet zu der höheren Vor= sehung war.

Es bleibt jetzt noch von der Hauptperson der kleinen Mark= land'schen Familie zu sprechen, von der blonden Lydia, die — es stimmten Alle darin überein, die sie kannten — ein Mäd= chen, so lebhaft, so lustig, so unternehmend und unabhängig, wie selbst Newyork, das der eigenmächtigen, selbstwilligen jungen Ladies so viele dem eigenen Köpfchen folgen sieht, kein zweites aufzuweisen hat.

Miß Lydia Markland hatte immer ihren eigenen Willen gehabt. Der Papa, frühzeitig Wittwer, hatte die Eigenart des Kindes erkannt und es schalten lassen nach seinen launenhaften Eingebungen, die, weil kindisch, in den seltensten Fällen die richtigen waren. Aber sie zeigten stets von einer wachsenden Selbstwilligkeit, einem Unabhängigkeitsdrang, dem der Vater aus dem Wege ging, wenn er sich mit s e i n e n Wünschen einmal kreuzte.

„Laßt ihr den Willen," rief der Papa jedesmal, wenn die alte Susy, die Erzieherin, kam, um des Mädchens Muth= willen und Eigensinn anzuklagen. „Sie ist William Markland's Tochter und wird also immer das R e c h t e wollen!"

Und die Alte, da sie sah, daß sie immer Unrecht haben sollte, sie schwieg endlich ganz und ließ Alles gehen, in der Ueberzeugung, daß die Zukunft ihr um so unfehlbarer Recht geben werde.

Lydia freute sich in kindischem Trotz über des Vaters

richtige Antworten und tanzte der alten Dame um so muth=
williger auf dem Kopf herum.

Als sie die Mädchenschuhe auszog, trat sie mit dem vollen
Bewusstsein einer Lady in die Welt, freilich äußerlich sehr
ladylike, aber das Köpfchen voll von kindischen Launen, die
alle nach Befriedigung drängten, von Ansprüchen, die ihres
Vaters Reichthum erfüllen konnte, und mit dem Verlangen nach
größtmöglichster Ausdehnung des Terrains, das ihr Unab=
hängigkeitsgefühl ihr vormalte.

Körperlich noch wenig ausgebildet, ein Wildfang, der seine
ersten Studien in den langen Kleidern machte, mit einem lecken
Stutznäschen, lebhaften, lustigen, übermüthigen blauen Augen,
einem Mündchen, in dessen Ecken stets der Schalk lauerte, die
frei vorspringende kleine Stirn von zwei eigensinnigen kleinen
Löckchen umspielt, die übrigen glänzenden blonden Locken auf
den Nacken herabgeringelt, die Füßchen mit dem souveränsten
Bewusstsein setzend, immer bereit, sich über Alles zu moquiren,
die Zunge stets schlagfertig und das muthwillige Lächeln auf
den Wangen — so war Lydia Markland bei ihrem Entrée in
die Welt ein Backfisch mit den Ansprüchen einer Herzogin und
die Welt ihrerseits glaubte voll und gern an ihre Berechtigung;
ja der Alte lachte stolz, wenn man ihm sagte, die Lydia werde
jedenfalls noch die Krone der Gesellschaft.

Ihm war es selbst einleuchtend, daß ein Mädchen, das
seine Tochter, das so schön zu werden verspreche, einen Glanz=
punkt der Gesellschaft bilden müsse. Sein Erstes war, ihr den
kostbarsten Brillantschmuck zum Geburtstag zu schenken, sein
Zweites, ihr eine Equipage mit den schönsten Shetland=Pony's
zur Verfügung zu stellen, die sie selbst kutschiren lernte. Dann
folgte ein Reitpferd und selbstverständlich ward der Theil seines
Hauses, welches Lydia zur Wohnung bestimmt, in fürstlicher
Weise ausgestattet.

Der Alte musste oft nach Cincinnati, wo er große Geschäfts=
niederlagen und Fabriken hatte und Lydia war inzwischen sich
allein überlassen. Es bildete das aber keinen Unterschied in

ihrer Lebensweise, denn Papa Markland hatte mit seinen groß=
artigen Geschäften immer auf seinen verschiedenen Bureaux zu
thun. Eine Gesellschaftsdame mußte für der Tochter Unter=
haltung sorgen und die alte Erzieherin überwachte fortab das
Hauswesen.

Diese Gesellschaftsdame sah sehr bald ein, daß sie das
unglücklichste Geschöpf von der Welt. Aber Lydia und der
Vater überhäuften sie mit Geschenken, und so ließ sich auch
dies ertragen, zumal die Launen der jungen Herrin ihr bald
zur Gewohnheit wurden.

Die Sache war überhaupt, bei Licht besehen, nicht so
schlimm. Lydia that nichts Anderes, als die andern jungen
Mädchen ihres Alters thaten, nur hatte bei ihr Alles einen
großartigen und vornehmen Styl. Das Mädchen hatte ihre
liebsten Freundinnen stets um sich und beherrschte sie alle,
alle. Sie machte ihre Promenaden zu Fuß oder in dem Pony=
Wagen, wohin sie wollte; Niemand verlangte Rechenschaft von
ihr. Sie besuchte die Loge im Theater, empfing die jungen
Männer in derselben und plauderte darin mit ihnen unbefangen.

Sie war selbstständig, unabhängig, sie handelte ganz nach
ihren Launen — aber thaten die Andern das nicht? — Man
muß die ungenirte Weise der nordamerikanischen Mädchen und
Frauen kennen, in der sie sich öffentlich, gesellschaftlich bewegen.
Was Jede thut, ist recht; es giebt keinen Tadel, wenn sie mehr
thut, als einer Deutschen die größte Vorurtheilslosigkeit ge=
statten möchte.

Ein ganzer Generalstab von jungen Männern hatte sich
bald um Lydia gesammelt. Sie empfing nach amerikanischer
Sitte ihre Besuche; sie bevorzugte scheinbar den Einen, dann
den Andern; ritt mit Diesem und mit Jenem spazieren, traf
sich mit Diesem und Jenem auf dem Eise, ohne daß man
etwas darin fand, und vermöge ihres beherrschenden Wesens
blieb sie stets die tonangebende unter ihren Freundinnen.

Sie sandte auch, als sie kaum das siebenzehnte Jahr
erreicht, ihre Einladungen an die Gesellschaft. Sie gab Soi=

:ćen, Bälle — Lydia, die reiche Lydia Markland, ward wirk=
lich, wie prophezeit, die Krone der Gesellschaft, so jung und
unreif sie noch war.

Nur einmal wollt' es der Ms. O'Brien, ihrer Gesellschafts=
dame, erscheinen, als laufe des Mädchens Herz Gefahr in dem
amerikanischen Treiben, das doch die Newyorker Sitte gut hieß.
Ein bildschöner junger Tenor der Oper, ein Italiener, kam
recht oft, um mit Lydia vierhändig zu spielen, die rührendsten
Arien zu singen, und Niemand durfte zugegen sein. Aber das
ging vorüber. In Lydia's Wesen war nicht die Spur von
der Sentimentalität zu finden, in welcher sich die erste Liebe
eines jungen Mädchens zu äußern pflegt.

Der Tenor kam nicht mehr. Lydia selbst sang auch die
Lieder nicht mehr, die er mit ihr einstudirt — sie dachte nicht
mehr daran!

Schön — was man wirklich schön nennt, war sie n i c h t
geworden, als sie achtzehn Jahre alt und vollständig entwickelt,
d. h. eine zierliche, graciöse Mädchengestalt geworden war, frisch,
aufgeweckt, von jenem übersprudelnden, prickelnden Naturell,
dem die Lebenslust aus den Augen glitzert. Ihr Teint war
rein und zart, jedes Detail ihres Gesichts war mindestens
hübsch; aber die Natur hatte in der Anlage desselben mehr
Laune als Kunstsinn entwickelt. Es lag wenig Gemüthstiefe
in ihren blauen Augen, aber die Augäpfel hatten ein so rei=
zendes Blauweiß und das Oeffnen der Lider geschah mit einer
anfangs unbewußten Koketterie, aus der vielleicht später ein
Studium geworden. Ihr Näschen war trotzig gestutzt, um
ihren Mund lag stets ein leichter moquanter Zug, und er lächelte
gern, weil er aus den weißen Zähnen kein Geheimniß machte.
Ihre Büste war noch unfertig, jugendlich zart angedeutet, ihre
Taille zum Umspannen. Hände und Füße waren klein und
niedlich und beide mußten, zu was sie so schön seien.

Als Lydia Markland an der Seite ihres Vaters mit· einer
ganzen Newyorker Gesellschaft — sehr fashinoble Alle — über's
Meer schiffte, zitterte ihr Herz vor Freude.

Paris war stets das Mekka ihrer Sehnsucht gewesen. Was hatte sie über Paris gelesen; wie oft hatte sich ihre junge Phantasie an Pariser Schilderungen entzündet! Paris musste ihre Domäne sein, und mit leichtem Fuß, mit freud=strahlenden Augen betrat sie in Havre den französischen Boden.

Papa Markland hatte alle Maßregeln in seinen großen Geschäften getroffen, um ein ganzes Jahr in Europa zu bleiben. Er sollte wöchentliche Rapporte erhalten und wo es nothwendig war, sprach ja das atlantische Kabel in wenigen Stunden herüber und hinüber. Also all right! Markland nahm die ausreichendsten Accreditive an eins der größten Pariser Bank=häuser mit nach Europa; er verfügte in London über unbe=schränkten Credit, keine Geschäftssorge sollte ihn auf dieser Reise anfechten.

II.

Um jene Zeit erregte es Aufsehen, daß eine junge Ame=rikanerin, die auf Grund dringender Empfehlungen an hohe Pariser Persönlichkeiten die Ehre gehabt, zu den kleinen Cirkeln der Kaiserin hinzugezogen zu werden, von denselben wieder aus=gestoßen worden sei.

Die Nachricht imponirte natürlich der Pariser Gesellschaft, die gewohnt war, sich aus diesen intimen Cirkeln der Eugenie die pikantesten Dinge zu erzählen.

Man kannte die Namen der Damen, welche in diesen Cirkeln ihr „Strapotin", ihr Tabouret hatten. Es war kaum Eine darunter, die sich der öffentlichen Meinung nicht schon durch irgend einen kleinen Skandal empfohlen, kaum Eine, die nicht den Boulevard=Journalen schon Stoff geliefert hätte.

Man fragte also natürlich warum! War diese Fremde zu tugendhaft und darum ausgeschlossen worden? War sie

zu . . . ? Impossible! In den Cirkeln der Kaiserin, in wel=
chen die Volkssängerin Theresa ihre Chansons singen durfte,
die Damen noch zu übertreffen, schien eine Unmöglichkeit.

Und dennoch musst' es Eins oder das Andere gewesen
sein! Miß Eveline X., eine amerikanische Schönheit, lebhaft,
witzig, geistreich sogar, musste mit ihrer „Flirtation", die aller=
dings so anders als die Pariser, den Damen der Kaiserin nicht
gefallen haben; sie ward nicht mehr würdig befunden, ihren
Sitz in dieser kleinen kaiserlichen Damen=Akademie zu haben!

Miß Eveline wohnte mit ihrer Mutter im Grand Hôtel.
Ihre Persönlichkeit erregte in der großartigen Karavanserei
Sensation. Erschien sie in den weiten Korridoren, in dem
Lese= und Konversations=Zimmer, an der Tafel oder in dem
großen, glasbedeckten Hofe, um ihr zierliches Füßchen auf den
Tritt eines Wagens zu setzen, so hafteten Aller Augen nur an
ihrer Person, und noch mehr, als die Affaire in den Tuilerien
ihr eine „Pose" gegeben.

Miß Eveline war für einige Wochen eine Celebrität ge=
worden. — Die Einen behaupteten, sie sei den Damen des
Cirkels zu schön gewesen, die Andern meinten, sie habe den=
selben auf Wunsch Nigger=Tänze aufgeführt, Niggersongs zum
Besten gegeben, und das sei den Damen doch über ihre Be=
griffe gegangen.

Die Wahrheit ist, daß Eveline, schön wie ein Engel, mit
ihrem zarten, frischen Teint, mit den schimmernden, graublauen
Augen, den feinen, durchgeistigten Gesichtszügen, den blonden,
in's Röthliche schimmernden Locken, ihrem schlanken, graziösen
Wuchs und einer angeborenen Grazie — daß Eveline ein
komisches Talent besaß, dem ihr lustiges Temperament gern
die Zügel schießen ließ und das zu bändigen sie nicht immer
den richtigen Moment zu finden musste. Sie konnte eine ganze
Gesellschaft unterhalten, die entzückt dem originellen, jungen,
von Witz und Leben sprühenden Wesen zuschaute, ihre Bewun=
derung zwischen ihrem Talent und ihrer Schönheit theilend.
Denn wenn Eveline in ihrer Laune war, wenn der Kobold in

ihr Gewalt über sie bekam, dann lebte und lachte Alles an ihr, und sie blieb schön in ihrer Tollheit, wenn diese sie auch wohl zuweilen über die zarte Grenze des Schönen hinausriß.

Eveline X. wußte Nichts von Koketterie; sie konnte furcht= bar ernst gegen die Männerwelt erscheinen, deren Bewunderung sogar mit Spott strafen, denn sie hatte nie das Geringste für einen Einzigen derselben empfunden, obgleich sie bereits das zwanzigste Jahr überschritten. Sie war nur von einem Zuge beherrscht, von ihrem Hange für das Abenteuerliche, in dem sie für ihre Extravaganzen Genüge fand.

Monde lang war sie bereits in Paris, auch ihre Ver= treibung aus dem Paradiese der Tuilerien hatte sie bereits verschmerzt, wenn sie überhaupt etwas dabei empfunden hatte, als Lydia Markland mit ihrem Vater eintraf.

Beide hatten sich in Newyork nur in einigen Soiréen gesehen, denn Lydia war um drei Jahre jünger, und das macht in der ersten Mädchen=Epoche schon einen gewaltigen Unterschied, der sich in der zweiten erst ausgleicht.

Die Beiden mußten in Paris sich Beide verstehen. Große Umarmung auf offenem Boulevard, als Eveline zum Fiaker heraus, auf die an der Seite ihres Vaters vorüberschreitende Lydia zuflog, sie küßte und ihr dann mit von vor freudiger Ueberraschung hochgerötheter Antlitz in's Auge schaute.

„Vater," sagte Lydia, als sie mit diesem am Nachmittag beim Kaffee saß, „jetzt brauchst Du Dich nicht mehr so viel um mich zu kümmern! Ich schließe mich Eveline an, die Paris schon ganz genau kennt und mir auch versprochen hat, für eine gute Pariser Zofe zu sorgen, denn ohne die komme ich hier doch nicht aus."

„Well!" sagte der Alte, dem es gleichgültig war, ob sein Kind zwei oder ein Dutzend Zofen hatte. „Sam, laff' mir einen Fiaker rufen, ich will nach St. Antoine hinaus, um mir einige Fabriken zu besehen."

Mr. William Markland war herzlich froh, der unruhigen Arbeit überhoben zu sein, ein so quecksilbriges junges Mädchen tagtäglich auszuführen, die er sich vor der Abreise von Newyork nicht so überlegt. — Miß Eveline hatte ihre Mutter bei sich und die konnte die beiden Mädchen beschützen.

Fortab überließ Mr. Markland sich ganz seinem Comfort. Er frühstückte allein, wenn sein Kind nicht da war; er dinirte in irgend einem großen Restaurant, wenn sein Kind drüben im Grand Hotel war; er fuhr spazieren und begegnete im Bois wohl der Mistreß X. mit den beiden Mädchen, die ihm freudestrahlend zunickten; er gewöhnte sich auch hier daran, daß ihm sein Kind nicht den Gutenacht-Kuß brachte, und fragte auch nicht danach, wenn Lydia erst am Mittag zuweilen ihr Lager verließ, nachdem er schon in die Stadt gegangen.

Und fragte er wirklich einmal: „Sam, wo ist Miß Markland?" so antwortete dieser:

„Bei Miß Eveline, Sir!"

III.

Die große Weltausstellung war eröffnet. Der herrlichste Frühling lachte über Paris. Zu Hunderttausenden strömten die Fremden herbei; nie war die Seinestadt schöner als in dem kostbaren Schmuck, in welchem sie die Gäste aller Welttheile empfing.

Alles hatte neue Toilette gemacht. Monate lang hatte Paris gescheuert, gemalt, gefirnißt und broncirt, um zu dem großen Weltfeste bereit zu sein, und der Himmel selbst hatte die herrliche Umgebung in den schönsten Frühlingsschmuck gekleidet.

Auf dem öden Marsfelde war ein Paradies entstanden, in seiner Mitte der Zauberpalast aus der Erde gewachsen, in welchen der ganze Kunst und Industriefleiß der Generation die Wunder seines Genies hineingetragen. Auf den Boulevards

strömte es hin und her, über die Seine-Quais zogen ganze
Karavanen; das Bois de Boulogne sah täglich Tausende von
bewundernden Fremden an den Ufern seines Sees. Ein Meer
von Licht warf mit dem Sinken der Sonne seine Fluthen über
die Boulevards, die große Lebensader von Paris.

Mr. Markland, nachdem er mit seiner Tochter der feier-
lichen Eröffnung der Exposition beigewohnt, warf sich jeden
Morgen in den von Sam bereit gehaltenen Fiaker, um bis
sechs Uhr, die Stunde des Diners, draußen in dem Aus-
stellungspalast zu verweilen und die riesigen Leistungen des
Maschinenfachs zu studiren.

Kehrte er heim und er sah sein Kind freudig, rosig, glücklich, so war er zufrieden und ließ sich von den herrlichen Aus-
flügen erzählen, die Lydia unter dem Schutz von Evelinens
Mutter mit ihren Freundinnen und Landsmänninnen gemacht.
Dann ging er in sein Café, in welchem er mit seinen Freunden und Landsleuten, amerikanischen Fabrikanten, Geschäfts-
leuten und Ingenieuren, bis gegen eilf Uhr Nachts zusammen-
saß, die amerikanischen Zeitungen las und zahllose Partieen
Domino oder Ecarté spielte.

Kehrte er dann nach Hause, so meldete ihm Sam, der
nie das Haus verließ, Miß Markland schlummere schon oder
sei noch nicht nach Hause zurückgekehrt. In beiden Fällen ließ
Mr. Markland sich auskleiden und begab sich pünktlich um
seine gewohnte Stunde zur Ruhe.

Inzwischen schwamm Miß Lydia wirklich in einem Ocean
von Freuden und Zerstreuungen. Die Frühlingssaison, der
Beginn der Weltausstellung, hatte alle Salons geschlossen, die
Pariser Gesellschaft zerstreut, denn, wie das bei solchen Gele-
genheiten immer geschieht, hatten sich die höheren Kreise der
Gesellschaft vor dem Geräusch des zusammenströmenden Welt-
verkehrs auf's Land zurückgezogen und sahen sich das große
Ereigniß aus der Ferne an.

Miß Eveline, die während der letzten Hälfte der Winter-
saison häufigen Einladungen gefolgt war, in den Salons der

Pariser Aristokratie eine glänzende, bewunderte Rolle gespielt hatte, sie war jetzt auf ihre Landsleute angewiesen, deren immer mehr über den Ocean herüberkamen. Man kannte sich, man hielt zusammen, man fand sich überall, man genoß oft in ganzen Schwärmen, was Paris und seine Umgebung so über= reich dem Fremden bot.

Die amerikanische Jugend pflegte sich gern Mittags oder Nachmittags auf dem Asphalt des Boulevards an der Ecke des neuen Opernplatzes vor den Café's zu sammeln. Hier gab's täglich eine allerliebste kleine Börse. Man sah die gra= ciösen, flinken Gestalten der Misses mit den jungen Männern beisammenstehen. Sie lachten und plauderten. Es war das amerikanische Rendezvous nach dem Lunch.

Man verkehrte in landesüblicher kosmopolitischer Ungenirt= heit, unbekümmert um die neugierigen Blicke der vor dem Café oder hinter den Fensterscheiben desselben sitzenden Gäste, und unter den heitersten, ausgelassensten, beobachteten diese zwei Mädchen, beide blond, die eine zierlich wie eine Sylphide, nicht schön, aber mit pikantem Gesicht und lebhaftem Wesen — das war Lydia Markland; die Andere größer, üppiger in ihren Conturen, die schöne Büste, die zierliche Taille über den Hüften wiegend, helles Feuer im Auge, von scheinbar resolu= testem, unabhängigstem Wesen — und auf die zeigten die in alle „Cancans" des Tages eingeweihten Pariser Boulevardiers, denn das war Eveline X., der die Affaire mit dem „Stra= potin" im kleinen Cirkel der Kaiserin passirt sein sollte.

Man war in Paris damals, in jenem großen Gewühl, weniger beobachtet als jemals. Mr. Markland wußte sein Kind in besten Händen und Sam war die freie Weise der jungen Herrin gewöhnt. Evelinens Mutter war seit einiger Zeit leidend, konnte nicht immer folgen, wünschte aber selbst nicht, daß das Mädchen bei ihr vertraure. Sie erschrak sogar, die tolerante, würdige Dame, wenn sie ihre Tochter am Morgen einmal verstimmt sah und jagte sie hinaus, damit sie sich den Freundinnen anschließe, den Aufforderungen der jungen ame=

rikanischen Dandies folge, die sie zu dieser und jener Pro=
menade abzuholen kamen oder ihre Theilnahme an einem Aus=
fluge erbaten, denn man war nie so heiter, als wenn Eveline
dabei war.

Unter den regelmäßigen Gästen des Kaffeehauses, die hinter
den großen Scheiben oder vor denselben auf dem Asphalt saßen,
beobachtete und bewunderte namentlich Einer die beiden Mäd=
chen, wenn sie, von Freundinnen oder jungen Männern be=
gleitet, vor dem Café standen oder auf= und niederschritten,
mit großer Pünktlichkeit und Ausdauer. Er saß schon früh=
zeitig an seinem Platz, um desselben sicher zu sein, er wartete
stundenlang, wenn sie einmal unter der kleinen amerikanischen
Gesellschaft nicht erschienen, und schlich dann trostlos davon.
Er ließ das Auge nicht von ihnen, wenn sie lachend und plau=
dernd daherkamen, und verstedte seine Aufmerksamkeit hinter
einem Zeitungsblatt, um die Mädchen nicht zu verscheuchen.

Es war das Herr Emil von Eichsfeld, ein junger Mann,
der seit Jahren in Paris lebte, weil ihm die Heimat zu eng,
der in der Rue Blanche ein passabel elegantes Appartement
bewohnte, den ganzen Tag flanirte oder sich seine Mußestunden
als Dilettant mit mechanischen Arbeiten ausfüllte.

Er war reich — gewesen. Ein sechsjähriges Reiseleben
ohne Oeconomie, zwei Jahre langer Aufenthalt in Paris mit
noch weniger Oeconomie, kostspielige Lebensbedürfnisse hatten
sein mütterliches Erbtheil bis auf einen kargen Rest verzehrt
und wie jeder durstige Zecher merkte er erst die bittere Neige,
als der Becher geleert war.

Von Natur zum Excentrischen geneigt, bewegte er sich
stets in Extremen. Der Ueberdruß im Nichtsthun, der Mangel
eines Lebensziels, die Leere, die vor ihm, das Genossene, Un=
befriedigende, das hinter ihm lag, Beides hatte in ihm endlich
die geistige Balance gestört. Er war bald übermüthig, aus=
schweifend in seiner Freude, dann wieder melancholisch wie ein
Papagei. Und dazu kam, daß er sich am Ende seiner Ressour=

cen ſah, oder vielmehr: das war eben der **Grund** ſeiner
wechſelnden **Gemüthsart**.

Was beginnen, wenn die letzten paar tauſend Francs
d'rauf gegangen waren? Heimkehren auf das Gut der Mutter,
das Erbtheil ſeiner beiden Schweſtern, nachdem ihm längſt
das ſeinige ausbezahlt war? Kohl pflanzen, in ſchmutzigen
Stiefeln über die Aecker ſteigen? Er, der Herr Emil von Eichs=
feld? Und ſich bei jedem Schritt ſagen: ſiehſt du, hätteſt du
dein Erbtheil nicht durchgebracht, du könnteſt gemüthlich von
den Zinſen leben, anſtatt hier das Auf= und Abladen des
Düngers zu inſpiciren!

Ich könnte jetzt der vernünftigſte, ſparſamſte Menſch von
der Welt ſein, nachdem ich mein Vermögen an den Mann
gebracht; aber ich habe leider nicht die Mittel dazu! Das war
ſeit Wochen der Tenor ſeiner Gedanken, und mit dieſen beſchäf=
tigte er ſich, während er jeden Tag am Fenſter des Opern=
Kaffeehauſes ſaß, ohne zu einem Reſultat zu kommen, bis end=
lich das Erſcheinen der kleinen amerikaniſchen Colonie vor
demſelben ihn vollſtändig gedankenlos machte.

Da bewegten ſich ſo ein paar Dutzend zierlicher, ungeduldiger
Füßchen vor ihm auf dem Asphalt! Das lachte und plauderte ſo
luſtig; die friſchen, rothen Lippen ſchwatzten ſo unermüdlich, die
lebensluſtigen Augen blickten ſo unternehmend in die Welt, und
ſo graciös, ſo zierlich beugten ſich die ſchlanken jugendlichen Taillen
hin und her — es war nicht mehr möglich, dem gegenüber ſich
mit ernſten Gedanken an die graue Zukunft zu beſchäftigen.

Und namentlich die beiden eleganteſten, zierlichſten unter
den luſtigen Mädchen, die Aller Aufmerkſamkeit erregten, wenn
ſie ſo ungenirt Arm in Arm hin= und herſpazierten — es
konnte unter dem ganzen Sternenbanner keine reizenderen Ge=
ſtalten geben als die Beiden.

Die größere mit dem dunkelblonden Haar und dem ſchon
ganz fertigen Wuchs, alſo auch die ältere, mit dem ewigen
verführeriſchen Lächeln auf dem Geſicht, ſie war unſtreitig die
ſchönere, ſie war wirklich ſchön zu nennen, denn ihr Geſicht

war regelmäßig, ihre Stirn zeugte von Geist; aber der Ge-
sammtausdruck ihrer Züge sprach auch schon von Verständniß,
vielleicht Erkenntniß, obgleich das Letztere gar nicht der Fall
war. Ihr Wuchs war normal; sie setzte die Füße mit viel
mehr Bewußtsein als die andern; es sprach eine Welterfahren-
heit aus ihr.

Aber die andere, zierlichere, die ihr immer so schelmisch
lachend und mit so freudigem Interesse lauschte, sie war freilich nicht so schön, aber pikant, zum Verzweifeln pikant, wie
sie so trotzig das Stutznäschen in die Luft streckte, im Lächeln
die weißen Zähne zeigte. Der Schelm saß ihr im Nacken,
sicher versteckt in den hellblonden Locken, die unter dem koketten
Hütchen herausschauten. Man sah's ihr an, sie suchte zu pro-
fitiren von der Weltweisheit der älteren.

Lydia hieß sie, und die Andere Eveline! — So hörte
Emil von Eichsfeld die Beiden von den Uebrigen anrufen.
Lydia hieß der kleine Kobold, der ihn trotz der Schönheit der
Andern am meisten interessirte. Ein schöner Name! Wer sie
auch bei diesem hätte rufen dürfen!

Wohl acht Tage lang hatte Emil die Mädchen so beobachtet. Es war nicht Schüchternheit, daß er seinen versteckten
Beobachtungsposten behauptete, sich ihnen nicht draußen be-
merkbar machte; nur Eigennutz: er wollte sie ungestört betrachten,
bewundern können. Es waren auch stets der jungen Männer
genug bei den Mädchen, Landsleute, meist ganz junge Bursche,
die sich mit ihnen familiär unterhielten, so daß wohl keine
von ihm, dem hübsch und schlank gebauten Krauskopf mit
den feurigen, dunklen Augen, einem verwegenen krausen
Schnurrbärtchen auf der Lippe und eleganter Cavaliers-Hal-
tung Notiz genommen haben würde.

Emil kannte die amerikanische Gesellschaftssitte; er wußte,
was von der Ungebundenheit der Mädchen zu halten, denn er
hatte auf seinen Reisen ein gutes Jahr in den Vereinigten
Staaten verbracht. Er hörte und verstand ihre Unterhaltung,
die so sorglos um die sprachunkundigen Pariser geführt wurde,

und in diesem Geplauder der Mädchen war's immer die glocken=
helle Stimme der kecken Lydia, das „silberne" Lachen des hei=
teren Mädchens, das ihn so wunderbar electrisirte.

Manchen Seufzer vertraute er der Zeitung an, hinter
welcher er sich am Fenster versteckte, um nicht durch seine
Beobachtung lästig zu fallen. Er hatte den Anschein eines
blöden Verliebten, und doch war dies gerade niemals seine
schwache Seite gewesen.

Eines Mittags ward Emil in der düstersten seiner Betrach=
tungen, welche ihm die Heiterkeit der beiden Arm in Arm auf=
und niederwandelnden Mädchen einflößte, durch das Erscheinen
eines massiven, fast vierschrötigen alten Herrn mit langen roth=
blonden, weißschimmernden Bart=Cotelettes unterbrochen. Er
sah die beiden Mädchen, sich von den Uebrigen trennend, auf
ihn zueilen, sah, wie Lydia ihren Arm in den des Alten schob
und ihm zärtlich zulächelte, wie die Freundin auf seine andere
Seite trat und er bald die Eine, bald die Andere patriarchalisch
anlächelte.

„Mein dicker Herr aus der Industrie=Ausstellung!" rief
Emil überrascht. „Ich hatte ihn stets für einen Engländer
gehalten und jetzt scheint er mir Amerikaner und offenbar der
Vater oder der Onkel des kleinen Stutznäschens zu sein! . . .
Richtig, Mr. Markland ließ er sich in der Maschinen=Gallerie
anreden, in der er täglich ganze Stunden verbringt! Mein
Stutznäschen also heißt Lydia — das wußte ich — Lydia
Markland, so glaube ich jetzt zu wissen . . ."

Er war unterbrochen. Er sah mit verliebtem Schaudern,
wie die Drei auf das Fenster zusteuerten, an dem er saß, wie
sie sich, unbekümmert um ihn, vor dasselbe auf die Stühle
setzten, wie Mr. Markland für sich in der Frühlingshitze einen
Sherry=Cobbler, für die Mädchen zwei Limonaden bestellte.

Hinter das Zeitungsblatt versteckt, anscheinend vertieft in
dasselbe, sah Emil auf Armeslänge vor sich das übermüthige
Stutznäschen sitzen, den Rücken ihm zugewandt. Er sah die
blonden Locken ihren Nacken liebkosen, diese goldigen, reizenden

Locken, wie sie so wellig unter dem Hütchen hervorquollen; er sah zuweilen ihr teckes Profil, wenn es sich dem dicken Herrn zuwandte, den sie richtig Papa nannte; er hörte ihre Stimme in unmittelbarster Nähe, glaubte sogar ihren Athem aufsaugen zu können. Er hatte auch Gelegenheit, die beiden Profile der Mädchen, wenn sie sich dem Alten zukehrten, vergleichen zu können, und auch jetzt war's ihm, wenn auch die Andere ohne Frage schöner, als sei das Stutznäschen das hübscheste.

Die Liebe ist eigensinnig; sie läßt sich nicht überzeugen. Jeder hätte Eveline den Preis in Schönheit, Grazie und Esprit zuerkannt, denn Lydia war geistig noch unselbstständig und unfertig, wie sehr sie es auch äußerlich erschien. Emil gab den Vorzug der kleinen Lydia. Aber Keine kümmerte sich um den Fremden, der hinter ihnen saß.

Es ist nichts grausamer, als sich in einen Stern zu verlieben, wenn man ein Regenwurm ist, und Emil hatte seine Verarmung noch nie so schwer empfunden wie heute, wo er um einen Preis hätte ringen mögen, den man nur durch entsprechenden materiellen Einsatz gewinnen konnte.

Mr. Markland machte den Eindruck eines Millionärs, und er, der armselige Regenwurm, wagte seine Tochter heimlich zu lieben! . . . Ach, schwärmen aus der Ferne, das läßt sich noch ertragen, aber wenn man sich überzeugt, daß jeder Zug das Ideal erfüllt, als welches sie uns in der Entfernung erschienen, und sich ihr doch niemals ferner fühlen als in ihrer unmittelbarsten Nähe, das ist ein erbarmenswerther Zustand!

Emil beschloß, während er noch so hinter ihnen saß, sein Gefühl in die Kategorie der unglücklichen Lieben einzureihen, von denen man so viel in den Büchern liest, und trotzdem küßte er in Gedanken die rothen, gesprächigen Lippen, wenn das Profil des Mädchens ihm die beiden Grübchen an den Mundwinkeln zeigte; er vergötterte das Stutznäschen, die hellen blauen Kinderaugen, und mit der Kost suchte er sein Herz zu beschwichtigen.

Plötzlich sah er, wie ein ganzer lustiger Schwarm junger

Mädchen und Männer herbeeilte und Mr. Markland und die beiden Damen umschloß. Man hatte für den Nachmittag eine Partie nach St. Cloud verabredet; man wollte sich draußen in der schönen Frühlingsluft auf der Wiese mit dem Crocket= Spiel unterhalten und in einer Stunde zum benachbarten Bahnhof aufbrechen.

Mr. Markland hörte den stürmischen, vielstimmigen Vor= trag der Jugend ruhig an; er wehrte ihn mit einem Oh! Oh! ab, als man auch ihm zumuthete, mit bei der Partie zu sein, und suchte, die beiden Mädchen den Anderen überlassend, end= lich sein Heil in der Flucht, als ihm die Sache lästig ward. Die ganze Gesellschaft stob auseinander.

„Auch ich werde dabei sein!" murmelte Emil, sich erhe= bend, „freilich als ungebetener Gast! Aber wer kann mir wehren, ihnen zuzuschauen? Ich werde doch nicht der Einzige sein, dessen Aufmerksamkeit dieses Dutzend hübscher Mädchen anlockt! Zwar bereite ich mir selbst Qual damit, wenn ich das Unerreichbare bewundere, aber warum nicht wenigstens be= wundern, wenn ich sie nicht besitzen kann, und wer weiß denn, ob sich nicht dennoch eine Gelegenheit bietet, der schönen Lydia näher zu kommen, ohne zudringlich zu sein, trotz dem Ring von jungen Männern, der sie stets umgiebt, und trotz diesem Mister Bredson, wie ich ihn immer nennen höre, der kein Auge von ihr läßt und des Vaters Millionen schon in der Tasche zu haben glaubt!"

Emil, der sich erhoben, durchbohrte damit einen ihm gegen= über draußen vor dem Fenster stehenden semmelblonden, hoch und schmal aufgeschossenen jungen Mann mit den Manieren der süßen Flegeljahre, der in langen, gierigen Zügen eine Eis= limonade hinabstürzte, den Anderen angstvoll nachschauend über das Glas hinwegblickte, das letztere dann auf den Tisch stieß, daß es zerbrach, und den Uebrigen nachstürzte.

IV.

Unbeachtet von der übermüthigen, beweglichen Gesellschaft, die sich im Bahnhofe von St. Lazare gesammelt, bestieg auch Emil den Zug, eifersüchtig beobachtend, wie Mr. Bredson die graciöse Taille Lydia's vertraulich mit beiden Händen umspannte und sie in den Wagen hob, wie derselbe mit knabenhafter Keckheit das Auge auf den zierlichen Füßchen ruhen ließ, als diese sich in das Coupé setzten und ihr dann nachsprang. Sie hatte es gern gelitten, sie duldete, daß er sich neben sie setzte, während Eveline mit einer Freundin ihr schon gegenüber saß. Zwei andere junge Männer sprangen, mit den Crocket-Ballhölzern bewaffnet, in dasselbe Coupé und aus den Fenstern des benachbarten schauten ungeduldig die frischen Mädchengesichter, ihren Freundinnen im Nachbar-Coupé zurufend.

In bescheidener Entfernung folgte Emil der kleinen lustigen Carawane in St. Cloud vom Bahnhof in den Park hinauf, während zwei junge Leute die Aufgabe übernahmen, in dem Gasthofe, der tête noire, ein Diner zu bestellen, das der Gesellschaft oben auf der Wiese servirt werden sollte.

Der Zug, etwa fünfzehn Köpfe, und was für lustige Köpfe, etablirte sich auf der Wiese unterhalb des kaiserlichen Jagdschlosses Villeneuve in einer Lichtung. Die Mädchen warfen sich auf den Rasen, während die jungen Männer den Platz aussuchten, um die Crickets auszustecken. Emil barg sich unter dem Schatten einer riesigen Ulme, die sich aus dichten Bosqueten von Ziersträuchern in kurzer Entfernung erhob, und schaute, gedeckt vor jeder Beobachtung, seinem Liebling zu.

Und ungenirt ging's her, höchst ungenirt, als das Cricket-spiel sich entwickelt. Unbekümmert um die jungen Männer, die ja zum Theil erst dem Knabenalter entwachsen, schürzten die Mädchen ihre Roben auf. Emil sah, wie Lydia, in apfelblüthen-farbigem leichtem Sommerkleide, die eifrigste und gewandteste im Spiel, bald auch das leichte Flortuch abwarf, das Hals und Nacken bedeckte, wie sie in kindlicher Unbefangenheit

Beides preisgab, die Bälle zur Seite schlug oder selbst schleu=
derte, ohne der verzehrenden Blicke zu achten, mit welchen die=
ser Mr. Bredson an den reizenden Conturen seiner Cousine
hing, welch verwandtschaftliche Beziehung Emil erst während
des Spiels klar ward.

„Es ist mir, als sei dieser Laffe mein Todfeind, obgleich
er mir nichts gethan hat und ich ihm nichts gethan!" Emil
sah, daß er sich einer Aufgabe unterzogen, die während stunden=
langen Zuschauens seine Selbstüberwindung auf die härteste
Probe stellen konnte.

Auf den Balkons des kaiserlichen Jagdschlosses erschienen
bald einige Herren, aufmerksam gemacht durch die laute Freude
der Mädchen. Mit Lorgnons und Operngläsern schauten sie
den unbefangenen Bewegungen der flinken Geschöpfe zu, und
keins der Mädchen schien Notiz von ihnen zu nehmen. Immer
heller und lauter wurden die Stimmen, die Gesichter der Mäd=
chen rötheten sich in lärmender Ausgelassenheit. Emil ward's
heiß auf seinem Posten, er glaubte, dasselbe freie Zuschauer=
recht zu haben wie jene Herren da drüben, die so zudringlich
dem Spiel der bunt costümirten Gazellen folgten. Er war
eben im Begriff, den dicken Stamm der Ulme zu umschreiten,
sich an den Rand des Bosquets zu wagen, als einer der
Cricket=Bälle prasselnd durch das Gezweig flog und zu seinen
Füßen fiel. Vorsichtig trat er zurück. Fast in demselben
Augenblicke schimmerte es so rosenfarbig vor ihm durch das
frische Laub, zwei weiße Händchen griffen in dasselbe und bogen
die Zweige zurück. Lydia war's, die vom Spiel und schnellen
Lauf erhitzt, mit fliegenden Locken sich durch das Gezweig
drängte, mit blitzendem Auge den Ball in einer Höhlung
zwischen den Baumwurzeln entdeckte, sich beugte, den Ball er=
griff, sich wieder aufrichtete, aber gleichzeitig einen gellenden
Schrei ausstieß.

Emil, in seiner Ueberraschung, pochte das Herz, als er das
schöne Mädchen so in unmittelbarer Nähe erblickte; er zuckte
bei dem Schrei zusammen. Er sah, wie sich ein Arm um

Lydia's Taille gelegt hatte, wie diese, aufschreiend, Mr. Bredson
vor die Brust stieß, der ihr nachgesprungen und den Moment
benutzt hatte, das Mädchen, als es sich eben wieder aufgerich=
tet, zu umarmen.

„James!" Mit zornglühendem Auge, den Ball in der
einen Hand, die andere gegen die Brust des jungen Mannes
gestemmt, suchte sie sich loszuwinden. Bredson hielt sie fest und
lächelte sie mit brutal dummem Gesicht an. Plötzlich war's
als drehte sich sein Kopf wie vom Wirbelwind gefaßt, halb
um seinen Hals; er ließ das Mädchen fahren. Schwankend
griff er nach seiner Wange und stieß ein Wuthgeheul aus.

Lydia, kaum der Umklammerung entronnen, sprang wie
ein Reh durch das Gezweig auf die grüne Matte hinaus, wo
Alle die Köpfe reckten, im Spiel gestört durch ihren Aufschrei
und Bredsons Wuthgeheul. Letzterer stand da inzwischen im
Gebüsch allein, die Sehkraft gestört durch jähen Blutandrang
zum Auge, das Haar wirr um seinen Kopf hängend. Wild
schaute er umher und sah nichts als den dicken grauen Ulmen=
stamm, der ihm in seiner Blendung wie eine Bretterwand
erscheinen mochte.

„Goddam!" knirschte er zwischen den Zähnen, dann ließ
er den Unterkiefer hängen, heulte noch einmal auf und tastete
sich mit blutrother Wange und roth unterlaufenen Augen zum
Gebüsch hinaus.

Inzwischen war Emil mit einer ungeheuren Befriedigung
in der Brust, auf der andern Seite des Gebüsches hinaus=
geschlichen und in dem nach Ville d'Avray führenden Wald=
wege verschwunden.

Niemand verfolgte ihn. Er vernahm ein schallendes Ge=
lächter hinter sich auf der Wiese, aus welchem hell die Silber=
stimmen der Mädchen hervorklangen. Schadenfroh lauschend,
sich die brennende Handfläche reibend, blieb er stehen, bis Alles
wieder still ward.

„Habe ich auch nicht den Schein eines Rechtes auf dieses
Mädchen," murmelte er weiter schreitend, „so hab' ich doch das

Recht jedes Ehrenmannes, ein Weib vor so groben Insulten zu schützen! Mag sie ihm diese jetzt vergeben, das ist ihre Sache, mir ist nur eins unangenehm, nämlich die Wahrschein= lichkeit, daß dieser Bursche mein Gesicht gesehen, als es vor ihm auftauchte, und begegnen wir uns, so mag ich auf eine Scene gefaßt sein, wenn er kein Hasenfuß ist . . . Aber mei= netwegen! Ich habe mich diesem Mister Bredson in einer ganz eigenthümlichen Weise vorgestellt; mag er aus der Bekannt= schaft jetzt machen, was er Lust hat! . . .“

V.

Monsieur Duhamel hat den Krieg, die Belagerung und die Commune überlebt, wird vermuthlich keine geringere Gele= genheit benutzt haben, zu sterben, und ist also wohl noch heute einer der größten Tüftler und Erfinder im Maschinenbauwesen.

Er hat in seinem Hause Rue Blanche eine großartige Maschinenwerkstätte, in welcher er einige Hundert Arbeiter be= schäftigt; er beschickt alle Ausstellungen und hatte auch in der grande exposition das Modell einer neuen Erfindung aus= gestellt, das große Aufmerksamkeit erregte.

Mr. Duhamel beschäftigte sich weniger mit dem Bau von Maschinenriesen mit gigantischen Gliedern und großen Treib= riemen; seine Domaine waren alle die Erfindungen und Ver= besserungen in der Manufactur, und in diesen war er eine Autorität.

Als Emil von Eichsfeld seine Mittel so zusammenschrump= fen sah, daß er berechnete, ohne unerwartete Erbschaften oder sonst ebenso unwahrscheinliche überraschende Glücksfälle seine Wohnung in den vornehmen Boulevard=Quartieren nicht mehr bestreiten zu können, fand er ein Appartement, das für einen eleganten Junggesellen noch immer anständig genug, in Mon=

fier Duhamel's Hause, ließ seine Mobilien dorthin schaffen und als der letztere bei diesem Einzuge einen Blick auf die Möbel seines neuen Hausbewohners warf, äußerte er sich gegen seine Tochter Georgette, mit der er eben beim Frühstück saß, der junge Mann schiene ihm anständig genug, um pünktlich seinen Miethzins innehalten zu können.

Es ist schon angedeutet worden, daß, wenn Emil sich mit irgend etwas Nützlichem zu beschäftigen Sinn hatte, dies die Mechanik war. Er zögerte deshalb nicht, sich Mr. Duhamel zu nähern, ihm seine Vorliebe für dieses Fach kundzugeben, und Mr. Duhamel sah zu seiner Freude, daß Mr. Exfeld, wie er ihn nannte, wirklich Sinn, Verständniß und Talent habe; er meinte auch, es sei schade, daß er nicht auch den nöthigen Ernst dazu habe, dieses Talent practisch zu verwenden.

„Monsieur Duhamel," antwortete Emil, „wenn ich einmal kein Geld mehr haben werde, nehmen Sie mich in Ihre Werkstatt, und wir werden dann sehen, ob aus mir Etwas zu machen ist."

„Einverstanden!" sagte Mr. Duhamel, und von da ab verbrachte Emil täglich eine Stunde in Duhamel's großem Atelier.

Ein junger Mann wie Emil muß geschildert werden, wie er wirklich ist — ein Kind seiner Zeit. Ob er nun in der Voraussicht, bald nichts mehr zu besitzen, zuweilen speculativ darüber dachte, die kleine zarte Georgette, Duhamel's Tochter, sei unter Umständen eine ganz gute, vielleicht sogar sehr gute Partie, weil er keine Gelegenheit versäumte, ihr auf der Treppe oder bei sonstiger Begegnung Artigkeiten zu sagen, bleibe dahin gestellt. Georgette dankte ihm stets durch freundliches Lächeln, sie spitzte ihr Mündchen beim Sprechen graciös, wenn sie dem jungen Krauskopf mit den feurigen Augen gegenüber stand und äußerte sich zu verschiedenen Malen zum Vater, dieser Monsieur Exfeld sei recht liebenswürdig.

Jedenfalls aber rückte die Sache nicht vorwärts; es blieb bei gelegentlichem Austausch von Liebenswürdigkeiten; Emil suchte die kleine, zartgebaute Brünette mit dem weißen Sam= metteint nicht gerade und sie begegnete ihm im Hause auch nicht öfter, als es ein rechtschaffener Zufall fügen konnte.

Da kam die Ausstellung. Monsieur Duhamel war unge= heuer beschäftigt, stets nervös aufgeregt, wenn er aus der Ma= schinen=Abtheilung zurückkehrte, in der täglich neue Ueberra= schungen ausgepackt wurden. Der Gedanke, daß irgend ein anderer Erfinder sein Modell schlagen könne, ließ ihn Tag und Nacht nicht ruhen und Georgette mußte fast täglich allein mit ihrer Wirthschafterin sein.

„Mein Gott, mein Gott, welch eine Wirthschaft!" seufzte sie einmal gegen Emil. „Der Vater existirt nicht mehr für uns, die ganze Familie ist zerstört!"

Auch im Atelier schien Alles aus Rand und Band. Die Arbeiten ruhten zum Theil; Duhamel durchstreifte fortwährend mit seinen Contre=Maitres die Maschinen=Abtheilung draußen und wenn er nach Hause kam, hatte er den Kopf voll. Er war vom Schauen noch auf diese und jene Idee gebracht, die seine Erfindung hätte vervollkommen können; es erging ihm wie Jedem, der vom Rathhause kommt, und das Alles ließ ihn nicht mehr schlafen.

Sein größtes Unglück in diesem internationalen Chaos war für ihn als gewissenhaften Geschäftsmann, daß die meisten dieser Leute, welche die fremden Aussteller mit ihren Maschinen nach Paris gesandt, kein Französisch sprechen konnten oder es so schlecht sprachen, daß Mr. Duhamel nicht aus ihnen klug werden konnte.

„Welch ein Mangel an Bildung in diesen Leuten!" rief er immer. „Ihr eigene Sprache verstehen sie, und ist das ein Verdienst?"

Mr. Duhamel erging es wie jenem Zuaven der napo= leonischen Besatzung in Rom, der von den Italienern sagte: „Jetzt sind wir schon zwanzig Jahre in Rom und das Volk kann immer noch nicht französisch."

Duhamel ward in die Jury gewählt. Er bekam nach

dem erften Anlauf der Ausstellung faft täglich Besuch von
Seiten der fremden Aussteller in seinem Atelier, das eine Aus=
stellung für sich bildete, denn hier standen seine Maschinen in
ganzen Reihen aufgepflanzt und arbeiteten unausgesetzt. Nur
Einer seiner Leute sprach gebrochen englisch. Kein Dolmetscher
war zu haben, denn alle Sprachenkenner waren auf dem Mars=
felde engagirt.

Da entdeckte er eines Morgens in Emil ein Juwel. Der
schlenderte nämlich durch die Reihen seiner Maschinen und sprach
mit dem Einen seiner Gäste deutsch, mit dem andern englisch
und mit wieder einem andern sogar italienisch und spanisch.
Duhamel, als er das hörte, packte ihn und schloß ihn an's
Herz. Welch eine Gelehrsamkeit in diesem jungen Mann, den
er so lange unterschätzt, den er für einen Nichtsthuer gehalten!
Welche universelle Kenntniß, die sich doch nur durch ernstliches
Studium gewinnen ließ!

Duhamel zwang ihn, das Frühstück bei ihm einzunehmen.
Er strömte der Tochter gegenüber über von Lobeserhebungen,
die den jungen Mann dankesfreudig anlächelte, und Emil nahm
das Alles hin mit einer Miene, als lohne es sich nicht, von
seinen Verdiensten so viel Aufhebens zu machen.

„Sie müssen mir einen großen Dienst erweisen,“ rief Du=
hamel beim Dessert schmunzelnd, seine ganze industrielle Seele
in den Ton legend, „einen Dienst, für den ich ewig Ihr
Schuldner sein werde! . . . Ich bin in geschäftliche Beziehung
mit einem reichen amerikanischen Geschäftsmann getreten, der
für seine sämmtlichen Fabriken mein System einführen will;
es ist eine enorme Bestellung, die er machen wird; es handelt
sich um eine Summe . . . . nun so was wie eine Million
Francs, aber er spricht nicht französisch, wenigstens kann er
sich in diesen technischen Dingen nicht verständlich machen.
Mir fehlt also ein sachverständiger Dolmetscher, durch den ich
mich umständlich mit ihm aussprechen kann . . . . Monsieur
Erxfeld, Sie sind hinreichend in das System meiner Maschinen
eingeweiht, Sie kennen alle Details, Sie sprechen das Englische

wie Ihre Muttersprache und ich suche vergebens nach einem
Interpreten, der im gegenwärtigen Völkergewirre Lust oder Zeit
hätte, sich für einige Tage ganz meinem Fache hinzugeben ...
Mr. Exfeld, Sie dürfen Alles von mir fordern für diesen
Dienst!"

Georgette erröthete bis zur Stirn. Alles! rief ein jung-
fräulich erbangendes Echo in ihrer reinen Seele. Der Vater
verspricht ihm Alles! Er wäre im Stande ....!

Emil seinerseits wechselte die Farbe nicht um die geringste
Nüance. Er saß da so ruhig, hörte Duhamels Versprechen so
kühl an, als handle es sich um ein somptuöses Dejeuner, mit
welchem man in Paris geleistete Dienste unter gesellschaftlich
Gleichberechtigten zu vergelten pflegt. Seine Gedanken also
waren meilenweit von Georgettens mädchenhaften Besorgnissen
entfernt; er sah nicht einmal die Gluth, die sich langsam wieder
auf ihren Wangen abtönte.

„Gott sei Dank!" beruhigte sich Georgette wieder, obgleich
es noch gar nicht abgemacht war, was ihr das Liebste gewesen
wäre, denn wenn der junge Mann auch ausgezeichnet zu dol-
metschen verstand, in der Herzenssprache erschien er dem Mädchen wenig unterrichtet.

„Ich bin mit Vergnügen bereit, Monsieur Duhamel! Zu
versäumen habe ich Nichts! ... Wie heißt dieser Amerikaner?"
setzte er mit etwas mehr Interesse hinzu.

„Mister Markland nennt er sich! O, Sie müssen ihn schon
draußen gesehen haben, den corpulenten Mann mit dem großen
rothblonden Bart, der stundenlang vor einer Maschine sitzt und
wenn ihm Einer in anderer als der englischen Sprache etwas
erklärt, immer nur oh, oh! oder yes, yes! antwortet."

Georgette bemerkte jetzt, daß das Antlitz ihres vis-à-vis
in genau ihrem Farbenwechsel spielte.

„So, so, Mr. Markland! Allerdings, er ist sehr bekannt da
draußen! Man sieht ihn überall ... So, so, der also ist es!"

Emils Gedanken gingen ganz in Mr. Markland und Allem,
was zu ihm gehörte, auf.

„Er soll ein ungeheuer reicher Fabrikant sein!" sagte er, um etwas zu sagen.

„Millionen über Millionen soll er besitzen! Niemand, ja er selbst nicht einmal, soll seinen Reichthum taxiren können," versicherte Duhamel. „Sie begreifen also, wie sehr mir daran liegt, einen Mann wie diesen . . ."

„Freilich, freilich! Ich stehe Ihnen ganz zu Diensten!"

Mr. Duhamel ließ die halb geschälte Birne in die Assiette sinken, erhob sich stürmisch und schloß Emil in seine Arme. Wenn Duhamel ihm seine Tochter als Frau offerirt und er gesagt hätte, er sei bereit, hätte Duhamel's Gefühl nicht stür= mischer sein können. Georgette erröthete wieder. Sie mochte eben diesen Gedanken haben.

Als man sich nach vollständig gepflogener Verabredung vom Frühstück erhob, wagte Emil, Georgettens zarte, weiße Hand zu küssen. Es war ihm, als zitterten die kleinen gebrech= lichen Finger leise in den seinigen; er schaute sie an und Geor= gette erschien ihm ungewöhnlich erregt.

Emil war wiederum weit entfernt, sich etwas dabei zu denken. Er war wieder im Geiste bei Mr. Markland und Allem, was zu diesem gehörte. Er war sogar bei Mr. Bredson.

Erst als er sich auf der Straße, auf dem gewohnten Wege bergab zum Boulevard, zu seinem Café befand, kam ihm die Idee: diese kleine Georgette ist gefühlvoller als sie sich den Anschein giebt! Ich bin heute der Familie Duhamel um hundert Schritte näher getreten. Vielleicht erwartet sie, daß ich noch einen Schritt weiter thue . . . Wollt' ich das, die Gelegenheit wäre nie günstiger als jetzt! Aber, wie gesagt, ich will nicht! Ich habe vielmehr die kostbare Gelegenheit, mich in das Haus Mr. Markland's einzuführen, die schöne Lydia in der Nähe zu beobachten, ohne sie zu geniren, ohne daß sie eine Ahnung hat! . . . Es ist gut, daß sie mich bisher noch nicht bemerkt; es war immer etwas, das mir in's Ohr flüsterte, ich solle mich zurückhalten . . . Sonderbar, wie das Schicksal uns so heim=

lich leitet! ... Es fragt sich nur, ob es wirklich einen Zweck
damit verfolgt!"

Emil kam heute später als sonst auf seinen Posten. Die
amerikanische Gesellschaft war nicht mehr auf der Promenade
und ein leichter Sprühregen mochte sie verjagt haben. Der
einzige, den er vorbeistreifen sah, war Mr. Bredson mit seiner
geschwollenen Backe, die sich eben in die üblichen Regenbogen=
farben kleidete.

VI.

Mr. Markland hatte während der letzten acht Tage noch
weniger Zeit als sonst gehabt, sich um sein Kind zu bekümmern.
Wenn er sich aber erinnerte, daß ja auch seine einzige Tochter
mit nach Europa herübergekommen, fragte er: „Sam, wo ist
Miß Markland?"

Und Sam antwortete: „Miß Markland ist mit ihrer Ge=
sellschaft ausgefahren," oder: „Miß Markland ist im Grand
Hôtel ..." Das beruhigte ihn umsomehr, als er wußte, daß
Sam so und nicht anders antworten werde.

Miß Lydia pflegte am Vormittage zwei Stunden ihrer
Toilette zu weihen, namentlich seit die Pariser Zofe ihr Amt
angetreten und diese dasselbe durch tausenderlei kurzweilige Er=
zählungen von den Wundern der schönen Stadt zu schmücken
gewohnt war. Diese Zofe war aus einer Mansarde des Quartier
latin hervorgegangen; sie wußte nicht genug von all' den volks=
thümlichen Bällen zu erzählen, in welchen man das wahre,
echte Pariser Kind finde; sie entzündete die Phantasie des
lebenslustigen Mädchens durch ihre Schilderungen von Mabille,
von der Salle Valentino, den Closeries und anderen Feengärten,
und erzählte so reizend, daß auch Eveline sich gern schon wäh=
rend der Toilettestunde bei ihrer Freundin einfand, um den
Erzählungen dieser Scheherasade zu lauschen.

Die unselige Schwätzerin setzte den Mädchen tausend Dinge in den Kopf, schilderte ihnen alle Pariser Freuden in glühenden Farben. Die Damen waren ja nur hier, um sich zu amüsiren, und sie gab ihnen den Leitfaden. Sie brachte Lydia auch einen ganzen Schwarm von Modistinnen in's Haus, deren Spielball diese bereitwillig ward, und so war denn das Mäd= chen die Vormittage ein Opfer der Mode, dem Eveline sich gerne zugesellte.

Man muß wissen, wie Alles, was eine Fremde an sich trägt, in den Augen der Pariserin ohne Chic und ohne Ge= schmack, nicht „à la mode" ist, um zu begreifen, welch enorme Aufgabe sich auf die Schultern dieser beiden Mädchen wälzte, als alle diese Modistinnen im Einverständniß der Zofe ihnen bewiesen, wie ihre ganze Toilette amerikanische Geschmacklosigkeit sei, die vor dem Auge einer Pariserin nicht bestehen könne.

So waren die Vormittage nur der unerschöpflichen Sorge um die Toilette und den zahllosen Cartons, welche die Mo= distinnen herbeischleppten, und die Abende der Sehnsucht ge= widmet, alle die Zerstreuungen kennen zu lernen, welche die „Capitale der Welt, der Kopf, der Verstand, der Geist der Welt," um mit Victor Hugo zu sprechen (der nur sagt, was jeder Pariser denkt), den Hunderttausenden von genußsüchtigen Fremden bot.

Eines schönen Morgens, etwa um zehn Uhr, führte Sam einen jungen Mann mit dunklem, krausem Haar und keckem Schnurrbärtchen in den großen Salon und bat ihn mit der knapp zugemessenen Höflichkeit, die man einem Ouvrier schuldig ist, auf Mr. Markland zu warten, der, nachdem er seine Toilette beendet, erscheinen werde.

Sam wies ihm nicht einmal einen Stuhl an. Er ging, seine Rockknöpfe zählend und mit der Hand nach der Schleife seiner weißen Cravatte tastend, wieder hinaus.

Emil von Eichsfeld, in der simplen bescheidenen Tracht eines Arbeiters, der eben aus seiner Blouse geschlüpft, stand da, den grauen Filzhut in der Hand. Das lebhafte schwarze

Auge ſchielte im Salon umher und entdeckte die kleinen auf
einem Seitentiſche ſtehenden Maſchinen=Modelle, die ihm ſo
wohlbekannt, da er den Winter hindurch oft ſtundenlang ihrer
Zuſammenſetzung beigewohnt.

Er kam im Auftrage Mr. Duhamel's. Markland erwartete
ihn, denn er war ihm ſchon geſtern im Atelier vorgeſtellt und
Markland hatte ſich herzlich erfreut gezeigt, mit einem Mechaniker
ſich ausſprechen zu können, der nicht nur engliſch, ſondern auch
den amerikaniſchen Dialect verſtand.

„Sie müſſen bei mir bleiben; Sie müſſen mich in der
Ausſtellung draußen begleiten, damit ich Jemand habe, um
mich verſtändlich zu machen. Ich werde Ihnen Ihren Zeit=
verluſt zehnfach erſetzen!" hatte Markland geſagt und ihm da=
bei ſeine fleiſchige Hand auf die Schulter gelegt.

Emil war auf Duhamel's Bitte eingegangen unter der
Bedingung, Mr. Markland als Geſchäftsführer vorgeſtellt zu
werden, und Duhamel wie ſeine Tochter hatten das wie einen
genialen Scherz betrachtet, gegen den Nichts zu ſagen war.
Georgette hatte ſogar herzlich gelacht, als er ſich ihr in der
Blouſe präſentirte. Innerlich meinte ſie, ihres Vaters Atelier
habe noch nie einen ſo hübſchen Ouvrier gehabt, der ſo mit
den ſchwarzen Augen zu funkeln verſtehe, wie dieſer. Mr. Exfeld,
ſetzte Duhamel hinzu, verdiene ein Pariſer zu ſein.

So hatte Emil erreicht, was er wollte — bei Mr. Markland
eingeführt zu werden. Und ſo ſtand er da in deſſen Salon,
von ihm erwartet, freilich in einer geſellſchaftlichen Stellung,
die nicht eben die vortheilhafteſte war; aber er hatte einmal
den Boden unter ſich und die Blouſe wieder los zu werden,
das war eine Kleinigkeit, ſobald es die Umſtände forderten.

Es war recht ſtill um ihn und er war ſehr allein. Draußen
über den Boulevards hörte er die Wagen fahren, das Stimmen=
gewirr der auf dem Asphalt Vorübergehenden. Er lauſchte
auf jeden Tritt draußen im Gang; aber nur Sam's Füße
ſchleiften an den Thüren vorüber.

„Es wäre jetzt ſehr hübſch, wenn der Vetter, Miſter

Bredson, einträte und mich erkennen würde." Emil lachte bei dem Gedanken, obgleich er eine unangenehme Scene voraussehen mußte.

Jetzt hörte er Frauenstimmen. Sie kamen von drüben, drangen durch jene Thür. Das mußte Lydia's Wohnung sein. Die Andere, Eveline, ihre unzertrennliche Freundin, mußte bei ihr sein. Die Mädchen sprachen so laut, so lebendig, so lustig; sie lachten.

„Wenn sie hier durchkämen! Wenn sie mich sähen!" war Emils zweiter Gedanke. „Ich würde . . ." Ja, was er thun würde? Nichts! Ein bescheidener Arbeiter, würde er die Damen gegrüßt haben und sie . . . hätten vielleicht naserümpfend gar nicht Notiz davon genommen.

Jetzt öffnete sich jene Thür. Emil blickte mit einem ihm über den Rücken laufenden Schauder nach jener Richtung. Eine weibliche Gestalt, hinter ihr eine andere mit großen Cartons auf den Armen traten heraus. Emil ward während der einen Secunde, welche die Cartons gebrauchten, um die Thür zu passiren, ein einziger Blick in den anstoßenden Salon gewährt, der allerdings von Miß Markland bewohnt wurde und in welchem sie ihre Freundinnen zu empfangen pflegte. Und der Blick öffnete ihm einen Himmel!

Er sah Lydia, noch im Hausgewande, schneeweiß wie ein Täubchen mit flatternden Spitzen an den Aermeln, mit weißen Rosetten und Rüschen beladen, als wolle sie sich in die Lüfte erheben. Ihr blondes Haar hing fessellos über den Rücken; ihre beiden Arme, sich aus dem leichten Spitzenwust erhebend, eine bunte Gürtelschleife am Fenster gegen das Licht haltend, präsentirten sich dem Blick des Unberufenen; lächelnd schaute sie zur Schleife auf.

Neben ihr stand Eveline, schon im Promenaden-Anzuge, die stolze, schöne Eveline, ihre Gestalt in dem Morgenlicht badend, das durch das geöffnete Fenster herein drang — auch sie versunken in den Anblick derselben Schleife.

Der Zugwind schlug das Fenster vor Eveline zu. Beide

Mädchen blickten zu der halb offen gebliebenen Salonthür. Beide sahen flüchtig und achtlos den fremden Mann an der Thür stehen — und Eveline, ohne den Bescheidenen eines weiteren Blickes zu würdigen, trat an die Thür und schlug sie ihm vor der Nase zu.

„Das sind die Nachtheile des Standes, den ich eben repräsentire, den Töchtern von Millionären gegenüber," dachte Emil, sich das Bärtchen drehend. „Gleichviel, ich habe sie ge= sehen! . . . Ich werde sie noch öfter sehen! Man nimmt von mir wenig oder gar keine Notiz und das giebt mir Gelegenheit und Berechtigung, ohne die Furcht, lästig zu fallen, hier aus und ein zu gehen."

Die Mädchen fuhren in ihrer lauten Unterhaltung fort. Uebermüthiges Gelächter, helle Glockenstimmen. Eveline drängte laut, Lydia solle ihre Toilette machen, dann ward's still. Die beiden Mädchen mußten sich in eines der hinteren Gemächer begeben haben.

Emil that eben einen tiefen Seufzer und betrachtete sich in seiner Bourgeois=Kleidung in dem großen Trumeau, als die Thür auf der anderen Seite des Salons sich öffnete und Mr. Markland erschien.

„O, Sie sind es!" rief er, Emil erkennend. Er schritt in den Salon, griff zur Schelle und Sam erschien, als habe er schon auf der Schwelle gestanden.

„Sam, ein Frühstück für den Herrn, ehe wir an die Arbeit gehen!"

„Well!" flüsterte der alte Diener, den jungen Arbeiter mit einem schrägen Blick streifend, als erscheine das ihm doch der Ehre zu viel für einen simplen Ouvrier. Indeß, er ging, denn das, was Mr. Markland wollte, war ihm ja wie Gottes Gebot, gegen das man wohl einmal murren, nimmer aber fehlen durfte. Und er kannte doch den „Wurm" seines Herrn für Alles, was Maschine war oder diese anging.

———

VII.

Unserm Helden wollt' es bald erscheinen, als habe er seine
Sache doch ganz verkehrt angestellt. Allerdings stand er täglich
auf dem heißen Boden, nach dem er sich gesehnt; er athmete
eine Luft mit seiner Angebeteten, er hörte jeden Morgen ihre
Stimme im Nebensalon, konnte sogar unterscheiden, was sie
mit ihrer von ihr unzertrennlichen Freundin plauderte. Aber
das war acht Tage hindurch Alles.

Mr. Markland besuchte die Ausstellung nur noch Nach=
mittags und Emil musste ihn zuweilen begleiten; der ganze
Morgen beschäftigte ihn an den Modellen, die Duhamel ihm
vorführte. Es war ein Gerassel und ein Geklapper in dem
großen Salon, dem Jeder aus dem Wege ging, namentlich
aber Lydia, die ihren Weg aus ihrem Salon und zu demselben
stets durch die hinteren Räume nahm.

Duhamel und sein Maschinenmeister waren den ganzen
Morgen hindurch anwesend. Emil musste als Dolmetscher dabei
sein und sich die Umarmungen des Ersteren gefallen lassen,
wenn seine Verhandlungen mit Mr. Markland einen so vor=
trefflichen Fortgang nahmen. Emil aber gestand sich selbst,
daß seine Angelegenheiten leider keine Aussicht hatten, von der
Stelle zu rücken.

Zu seiner Verzweiflung musste er mehrmals auch Mister
Bredsons Stimme im anderen Salon hören. Lydia scherzte
mit ihm; er schien bei den beiden Mädchen der Hahn im Korbe
zu sein! Die Situation ward für Emil täglich brennender,
seine Hoffnungen täglich trauriger.

Eines Morgens erschien er früher im Salon. Sam ließ
ihn ein mit dem Bemerken, Mr. Markland liege noch im Bette.
Emil erklärte, er sei so früh hergeschickt.

Niemand war außer ihm im Salon. Scheinbar absichts=
los setzte er sich ganz in die Nähe der Thür zu Lydia's Zimmer.
Verächtlich schaute er auf die Maschinen=Modelle, die Herrn
Duhamel so glücklich, ihn so unglücklich machten.

Er brauchte nicht zu fürchten, hier gestört zu werden. Selbst Sam kam ja nur, wenn er gerufen ward. Drüben war noch Alles still; aber aus dem Hintergemach drang des Mäd= chens helle, lebensfreudige Stimme, deren Klang den jungen Mann electrisch durchzitterte. Jetzt kam die Stimme näher, dann ganz nahe. Emil sprang auf. Er hörte Lydia mit ihrer Zofe in leiblichem Französisch sprechen. Er wagte es, sich an das Schlüsselloch hinabzubeugen — und da streifte eben ein schneeweißes Morgengewand vorbei. Er sah einen rosigen Arm, wie den eines Engels aus den Wolken, aus dem Nebel der Spitzen herausschimmern. Aber das war nur vorüber= gehend, wie ein Blitz. Warum waren die Schlüssellöcher so klein! Ehedem in guten, alten Zeiten waren sie so groß wie eine Pistolenmündung!

Duhamel sollte heute später kommen; Emil wußte es. Nur die Sehnsucht, i h r einmal ungestört nahe sein zu können, hatte ihn so früh hierher gezogen. Aber was hier anfangen! Immerfort durch das Schlüsselloch schauen, immer nur der Stimme lauschen? Ein Druck mit der Hand auf das Thür= schloß und er stand vor ihr. Aber das wäre Wahnsinn ge= wesen. — —

Jetzt hörte er flüchtige Schritte auf dem Gange, dann helle, lustige Laute — das war Evelinens Stimme. Die treue Freundin konnte ja nicht ausbleiben. Emil hörte, wie die Zofe beauftragt ward, zur Schneiderin zu eilen. Es mußte das ein furchtbar wichtiger Auftrag sein; die Schneiderin hatte nicht Wort gehalten! Man kennt das ja! . . . Es ward still drüben im Zimmer.

Beide Mädchenstimmen erklangen jetzt aber ganz nahe an der Thür. Sie mußten beide zusammen da sitzen. Emil glaubte, durch das Schlüsselloch die Spitze eines sehr unruhigen Mignon= Füßchens auf einem gestickten Schemel zu unterscheiden; dem Füßchen gegenüber stand ein leerer Sessel, und gerade d e r mußte leer sein. Emil lauschte mit verhaltenem Athem.

„Es wäre schändlich, wenn sie uns im Stiche ließe!" hörte

3*

er Eveline sagen, und in dem Augenblicke breitete es sich wie ein weißer Schleier über den Sessel, Emil sah zwei kleine Hände die Falten eines weißen Negligé ordnen, die Spitzen zurecht legen; er sah diese Hände an einer Brustschleife nesteln; er sah zwei blaue, lebhafte Augen, ein frisches Mädchengesicht, von blonden noch ungeordneten Locken an den Schläfen um= spielt — es war Lydia, die sich ihrer Freundin gegenüber gesetzt.

„O, sie hält Wort!" öffneten sich Lydia's rothe Lippen, während ihre Hand ein trockenes Palmenblatt als Fächer be= wegte. — „Sie kommt, verlaß' Dich darauf!" — „Heut ist der Tag!" fuhr Eveline fort. „Ich freue mich wie ein Kind auf diesen Scherz! Alle Fremden besuchen den Ort, warum wir nicht; aber es ist so viel origineller, wenn wir ganz allein dahin gehen; den tölpelhaften James können wir unmöglich mitnehmen. Niemand braucht davon zu wissen, Niemand kann uns erkennen. Der Fiaker muß uns an der Ecke erwarten, damit wir jederzeit wieder fort können. Miß Blenker, die in voriger Woche dort gewesen, war ganz entzückt davon. Es wird ein köstlicher Spaß, Lydia, wenn wir so Beide, als ge= wöhnliche Grisetten verkleidet, uns unter die Andern mischen, ganz unscheinbar und anspruchslos! Thun kann uns ja Nie= mand Etwas, wenn wir nur zusammenhalten, denn diese Franzosen sind ja alle galant bis zum geringsten Arbeiter hinab. Aber daß Eine die Andere ja nicht verläßt; das ist die Hauptsache!"

Lydia hörte mit freudig erregter Miene zu und doch schien ihre Miene eine heimliche Besorgniß nicht ganz verbergen zu können. Sie zupfte an den Schleifen ihres Negligé.

„Ohne Dich wagt' ich's nicht!" sagte sie langsam. „Aber Du hast Courage! Du bist ja auch schon viel mehr orientirt hier!"

„Wie Du furchtsam bist! Die vornehmsten, ja die höchst= gestellten Damen machen sich hier den Scherz. In den Tuilerien, bei der Kaiserin, wurde von den Damen oft erzählt, wie sie heimlich, unerkannt hier und dort gewesen."

„Wär's nicht besser, wenn wir doch James oder einen der anderen jungen Männer zu unserm Besuch mitnähmen?" fragte Lydia.

„James, nein! Auch keinen anderen! Was würde da aus unserm Spaß! Und was läge schließlich auch für eine Gefahr darin, wenn uns der Eine oder der Andere dort den Hof zu machen sucht! Ich würde zum Scherz sogar darauf eingehen können und mich dann heimlich davon machen. Wir sind ja fremd hier! Du bist wirklich zu furchtsam, Lydia! Zudem finden wir ja auch einen Schutzgeist dort! Julie, Deine Kammerjungfer, hat ja ihren Bräutigam oder Geliebten, Monsieur Robert, den sie als einen sehr gentilen Arbeiter rühmt, beauftragt, uns dort schützend zu umschweben. Wir sollen ihn an einer rothblauen Cravatte erkennen. Im Nothfalle haben wir ihn dort. Um neun Uhr also halte Dich bereit; wir steigen hier an der Ecke in den Fiaker!"

Und Eveline erhob sich, sie tanzte durch das Zimmer; sie stimmte einen der übermüthigen Chansons an, den sie in der Operette gehört; sie brach in helles Lachen aus; sie riß auch die unentschlossene Freundin in ihrem Uebermuth mit fort und Emil hörte, wie beide Mädchen, in ihrem Frohsinn die Bouffe-Tänze nachahmend, im Zimmer jubelten. Dann plötzlich schallte eine andere Frauenstimme dazwischen, der Tanz war unterbrochen und die französische Zofe, von ihrer Mission zurückkehrend, rief hereinstürmend: „Hier ist Alles, was wir brauchen!"

Emil vernahm aus den freudigen Rufen der Mädchen, daß es sich um Costüme handle. Er hörte nur, wie Lydia und Eveline ohne Zweifel schon eine Costümprobe machten und abermals brach dann der Jubel aus. Sie klatschten sich in die Hände, sie tanzten im Zimmer umher und die Zofe erschöpfte sich in Ausbrüchen der Bewunderung.

Endlich war's wieder still. Sie schienen den Salon verlassen und sich nach hinten begeben zu haben.

Emil stand da und fuhr sich mit der Hand an die Stirn.
Um sich das Gehörte ruhig zurecht zu legen, taumelte er zu
seinem Stuhl zurück und ließ sich in denselben sinken.

„Um neun Uhr steigen wir an der Ecke in den Fiaker!"
Das war das einzige Positive, was er erlauscht hatte. Die
Mädchen hatten in ihrem Uebermuth irgend ein Abenteuer vor
und unschwer war es, dasselbe zu errathen. Es handelte sich
offenbar um einen heimlichen Besuch irgend eines der großen,
zauberhaft ausgestatteten Volksbälle, deren Beschreibung die Fan=
tasie der Mädchen entzündet haben mußte. Eveline, die in den
höchsten Kreisen erfahren, daß die vornehmsten Damen sich die
Zerstreuung bereiteten, diese Etablissements unerkannt zu be=
suchen, hatte den Gedanken angeregt, die Zofe in ihrem Be=
dürfniß, der Herrin zu Gefallen zu sein, hatte ihn unterstützt
und für den Nothfall den Schutz ihres Geliebten versprochen.
Alle Fremden besuchten diese Bälle; die Mädchen wollten sich
also a u c h den Spaß machen, aber allein, heimlich, und darin
lag ja der Reiz.

„Um neun Uhr an der Ecke!" wiederholte sich Emil . . .
„Gut! Auch m e i n Fiaker soll pünktlich bereit halten. Keine
von ihnen kennt mich, am wenigsten in diesem Costüm. Sie
erscheinen als Grisetten, ich brauche mich nicht mehr zu ver=
stellen, wenn ich als Arbeiter komme! Heute, Emil, könnte
dein Weizen blühen, wenn du Glück hast . . . Nur der Ge=
liebte der Zofe, der sie als Schutzgeist umschweben soll, könnte
mir lästig sein . . . Sie sollen ihn erkennen an einer blau=
rothen Cravatte; ich werde ihn also auch an derselben erkennen.
Gut denn, pünktlich um neun Uhr! . . ."

Duhamel erschien. Mr. Markland trat herein. Emil war
an diesem Vormittag so zerstreut, daß er nur mit halbem Ohr
hörte, was der Eine dem Andern sagte, und die Unterhaltung
auf's Confuseste übersetzte. Unwohlsein vorgebend, entfernte er
sich zu Duhamel's großem Leidwesen, der gerade heute so
Wichtiges mit Mr. Markland zu sprechen hatte.

„Bredson, unseliger Bredson, heute schlag' ich Dich aus

dem Felde!" Damit verließ er den Salon in demselben Augenblick, wo die Mädchen in luftiger Sommertoilette an ihm vorbeihuschten, ohne von ihm die geringste Notiz zu nehmen.

Sam war Zeuge, wie der junge Arbeiter, als sei er in eine Bildsäule verwandelt, höchst respectwidrig den vornehmen jungen Damen nachschaute, wie er dann plötzlich ihnen nach die Treppe hinabstürmte, um, immer nur Lydia's Sylphidengestalt vor Augen, den Mädchen in kurzer Entfernung über die Boulevards zu folgen, bis der Zufall ihnen den verhängnißvollen Mr. Bredson entgegenführte, der sich in seiner aufdringlichen, kordialen Weise an ihre Seite heftete und ihn zwang, sich unter die Menge zu mischen, um eine Begegnung zu vermeiden, die zu Collisionen hätte führen können.

„Um neun Uhr!" hallte es immerfort in Emils Ohren. Als er seine Wohnung aufsuchte, um das Costüm zu wechseln, begegnete ihm Georgette, die ihm immer mehr Aufmerksamkeit zeigte und mit flötender Stimme fragte, wie er sich befinde. Er wußte das selber nicht. „Um neun Uhr!" sprach er tief versunken vor sich hin, sie auf der Treppe zurücklassend. Und Georgette blickte ihm anfangs nur betroffen, dann er= röthend nach. Sie erinnerte sich nicht, ihn nach der Zeit gefragt oder gar ein Rendezvous von ihm begehrt zu haben. Er konnte sie ja täglich sehen, da ihr Vater stets unten im Atelier oder draußen in der Stadt war und sie ihm oft genug gesagt hatte, sie langweile sich! . . .

VIII.

Schon eine halbe Stunde vor der bestimmten Abendzeit stand Emil an der Ecke im Ausgang einer kleinen Passage. Sein Fiaker hielt in Sichtweite auf dem Boulevard; sein Auge war unverwandt auf die Ecke gerichtet, um welche die beiden

Mädchen biegen mußten, und mißtrauisch schaute er jeden Fiaker
an, der sich an der Ecke vorbei bewegte.

Endlich hielt ein solcher ihm gegenüber. Es war bereits
halbdunkel; aber gleichviel, mochten die Mädchen sich vermummt
haben, an ihrer Haltung, an der Art und Weise, in welcher
sie den Fiaker bestiegen, mußte er sie erkennen.

So verstrich die halbe Stunde ihm in bangster Ungeduld.
Den Filzhut über die Stirn gedrückt, in den Sonntagsstaat
eines flotten Ouvriers gekleidet, machte er mit seinem schwarzen
Krauskopf, den lebhaften Augen und dem keck aufgewirbelten
Schnurrbärtchen den Eindruck eines Pariser Arbeiters comme
il faut. Wenn Georgette ihn so gesehen hätte, sie würde überrascht die Händchen zusammengeschlagen haben.

Die Leute liefen geschäftig hin und her an ihm vorüber,
auf dem hell erleuchteten Boulevard bewegte sich wie ein Strom
die plaudernde und an den Schaufenstern gaffende Menge hin.
Emil sah nur den Fiaker und stand zum Sprung in den seinigen
bereit. Einem andern Fiaker zu folgen, ihn im größten Gedränge der Wagen nicht aus den Augen zu verlieren, darin
besitzen die Pariser Kutscher eine auf tägliche Uebung begründete
Geschicklichkeit und der seinige war instruirt. Wenn nur die
unentschlossene Lydia nicht in der letzten Minute noch andern
Sinnes geworden war, so mußte Alles gelingen. Was, das
wußte er freilich selber noch nicht genau. Aber den Mädchen
sich heute nähern, irgend eine Gelegenheit finden, um an sie
zu kommen, das war sein Plan. Martland's Töchterlein sollte
ihr Abenteuer heute mit seiner Bekanntschaft bezahlen.

„Schon neun!" Emil schaute nach seiner Uhr. In
demselben Moment sah er zwei Mädchen, in schlichte dunkle
Kleider gehüllt, ein blaues Fichu um den Hals, ein einfaches,
bescheidenes Hütchen mit zwei Röschen auf dem Kopf, ohne
Shawl oder Mantel, um die Ecke huschen und auf den Fiaker
zuspringen. Jeder Vorübergehende mußte sie für Arbeiterinnen
irgend eines Weißwaarengeschäfts, einer Blumenfabrik halten
und keiner der an ihnen Vorübergehenden nahm Notiz von ihnen

Davon jagte der Fiaker mit ihnen in die nahe Rue Choiseul hinein und hinter diesem drein folgte sofort ein anderer, der an der nächsten Ecke schon den Vorsprung des ersteren eingeholt hatte.

*   *   *

Wer Paris damals in der Glanzzeit seines Leichtsinns gesehen, kennt die abenteuerlichen Centralpunkte aller Lebenslustigen, die aus allen Ständen in den Salons des Casinos, in der Salle Valentino, in den Zaubergärten von Mabille und der Closeries de Lilas, in der Salle Markowski und zahllosen weniger gesuchten Barrièren-Bällen zusammenströmten. Der Fremde, der sie sehen muß, um das tanzende Paris kennen zu lernen, begegnet dort nicht selten den gekrönten Herren seines Vaterlandes, den Prinzen und Ministern, die alle dieselbe Neugier dorthin zu treiben pflegt.

Einzelne von ihnen sind große, geschlossene Räume, und diese werden nur im Winter besucht, andere bieten neben ihren Sälen im Lichte tausender von Flammen schwimmende Gärten, offene Tanztennen, wie von Mabille, und ihre Hauptaufgabe ist es, die flottesten Tänzerinnen an ihre Locale zu fesseln, die dann natürlich eine große Popularität genießen. Für wenige Francs öffnen sich Jedem die Zaubergärten. Das Orchester spielt natürlich Offenbach und Hervé, neuerdings „Mille Angot" u. A.; die Quadrille tobt in dem Feuermeer wie ein hundertbeiniges Ungeheuer, aber mit ernster, überwachender Miene steht die Obrigkeit, der Sergeant, dabei, um den Anstand zu bewahren, denn die Quadrille ist der Cancan, und keine der ersten Tänzerinnen der großen Oper, die Hunderttausende an Gage bezieht, unterwürfe sich aus Pflicht oder Ehrgeiz einer so schweißtriefenden Arbeit, wie sich ihr diese Josephinen, diese Zoës, diese Florencen und wie sie alle heißen, aus Leidenschaft unterwerfen, während ihre Tänzer, meist dem Arbeiterstande angehörig, in den unglaublichsten Gliederverrenkungen den Kautschukmann oder Bajazzo spielen.

Wir finden Emil wieder vor dem Garten der „Cloſeries“, dem einſtigen Schauplatz jener Studentenbälle, zu welchen die Griſette mit ihrem beſcheidenen weißen Häubchen ihren Stu= denten begleitete, als es noch Griſetten gab, als dieſe noch die treue Gefährtin des Studenten war, um danach eine ſolide Arbeiterfrau zu werden, während e r ein berühmter Arzt, Advokat, Generalprocurator oder gar Miniſter ward.

Es war Emils Erſtes, als er den ihm wohlbekannten Garten mit den lauſchigen Hollunderlauben betrat, unbekümmert um die vor ihm durch die halbdunklen Laubgänge ziemlich couragirt dahin ſchreitenden Mädchen, ſeinen Mann mit der rothblauen Cravatte aufzuſuchen, der ihm ſehr läſtig werden konnte.

Sein Suchen führte ihn an eine um den Tiſch ſitzende Arbeitergruppe, ziemlich rohe Patrone, mit den Abſynthgläſern vor ſich. Der Eine von ihnen war ſein Mann, und der erhob ſich eben vom Tiſch.

„Ah, da ſind Sie ja, monsieur Robert!“ rief Emil, auf den Arbeiter zutretend, der ſich eben, den Salon überſchauend, an eine der das Dach des Tanzſalons tragenden Streben lehnte, und deſſen gemeines, aufgedunſenes, rothes Geſicht ihm verrieth, daß er den geiſtigen Getränken nicht abhold.

Die Quadrille entwickelte ſich eben hinter Beiden, das Orcheſter hatte intonirt und Hunderte von ungeduldigen Füßchen reihten ſich in der Länge des Salons. Emil warf beſorgt einen Blick nach rechts und links; er ſah die Mädchen auf dem andern Ende des Salons ſchüchtern hereintreten, um dem Tanz zuzuſehen.

Der Arbeiter ſchaute ihn fragend und befremdet an. Er erinnerte ſich nicht, den jungen Mann zu kennen.

„Verzeihen Sie, daß ich Sie anrede,“ fuhr Emil fort. „Sie kennen Mademoiſelle Julie im Hauſe des Herrn Markland?“

Der Arbeiter, an den Pfeiler gelehnt, kreuzte die Arme auf der Bruſt und antwortete herausfordernd: „Pardieu!“

„Gut!“ fuhr Emil mit Sicherheit fort. „Ich arbeitete

heute in jenem Hause, und da M'mselle Julie hörte, daß ich heut' Abend hierher gehen werde, beauftragte sie mich, Ihnen, den ich an Ihrer Cravatte erkennen würde, zu sagen, die beiden Damen würden nicht kommen, M'mselle Julie erwarte Sie deshalb heut' Abend in dem bewußten Café."

„Ich dank' Ihnen, mein Herr!" sagte er trocken und trat in den Garten hinaus, überlegend, daß er die Zeit bis zu dem Rendezvous mit seiner Julie viel besser in einem Cabaret verbringen könne.

Emil schaute ihm triumphirend nach. „Den wäre ich los!" dachte er, und hinter einen der Gartenpfeiler tretend, zog auch er ein rothblaues Tuch heraus, wand es an Stelle seiner Cravatte lose um den Hals, schlug eine geniale Schleife und trat siegesgewiß in den Salon zurück.

Das Orchester und die Quadrille tobten durch den Saal, im Garten schwärmten sie paarweise zwischen den Bosquets oder saßen in den traulichen Hollunderlauben. Es herrschte der übermüthigste Frohsinn und immer strömten noch die Gäste herzu.

Als die Quadrille zu Ende war und sich die Reihen der Tanzenden zu einem dichten beweglichen Knäuel zusammendrängten, ward's ihm bange. Er machte sich Platz zwischen der Menge; er suchte mit fiebernder Ungeduld und erkannte endlich die beiden Mädchen, die, sich schüchtern an eine Säule drängend, vergeblich einigen Fremden zu entkommen suchten, von denen sie mit Galanterien belästigt wurden.

Kein Wunder! Zwei so feine, liebliche Gesichter, zwei so graciöse Gestalten, wenn auch beschattet von dem Hütchen, in der anspruchslosesten, fast ärmlichen Kleidung, mußten von den abenteuersüchtigen Gästen entdeckt werden. Beide, in großer Verlegenheit sich Arm in Arm stützend und einander drängend, suchten vergeblich den Weg in den Garten, der ihnen so zudringlich verstellt wurde.

Emil trat entschlossen heran, schob höflich einen der Herren bei Seite und lüftete den Hut vor den Mädchen. Er sah, wie

Eveline freudig überrascht ihrer Gefährtin etwas zuflüsterte, wie sie sich dann zu ihm wandte und mit flehendem Blick ihm mit englischem Accent zurief: „Ah, Sie sind's, Monsieur Robert! Wir suchten Sie vergeblich! Welch' ein Glück! . . ."

Ein Blick auf Lydia verrieth ihm, daß die Aermste zitterte wie Espenlaub. Sie war bleich, sie bereute wahrscheinlich schon hundertfach, von Eveline in ein Abenteuer verwickelt worden zu sein, daß diese, auf die sie sich verlassen, mit lange nicht d e r Geistesgegenwart beherrschte, die sie sich selbst zugetraut haben mochte.

„O, Sie sind's, Julie hat also Wort gehalten!" zitterte es auch über Lydia's bleiche Lippen, und von ihrer Angst getrieben, ließ sie der Freundin Arm, sprang auf Emil zu, hängte sich in den seinigen und rieß ihn mit sich in den offenen Garten.

Emil, überglücklich, fühlte, wie das Herz des geängsteten Mädchens an seinen Arm klopfte. Er selbst verlor in diesem großen Moment die Besinnung; es war ihm, als werde er von Houris in's Paradies getragen, als er plötzlich auch der kräftigeren Eveline Arm in dem seinigen hängen sah oder vielmehr fühlte; er war trunken, als beide Mädchen mit so kindlichem Vertrauen zu ihm aufschauten, als Beide seinen Arm preßten, um ihn fortzuziehen, und ohne zu wissen, wie er die Gruppe der Zudringlichen durchbrach, befand er sich in dem schattigen Garten.

Das eigene Herz pochte ihm so heftig, daß er kaum ein Wort herauszubringen vermochte.

„Ich bitte Sie, sich zu beruhigen! Sie sind sicher an meiner Seite; es soll Ihnen Nichts widerfahren!" wandte er sich an Lydia, und wie sie eben an der einer Lauben vorüberschritten, wie der Lichtschein aus derselben auf das Antlitz des Mädchens fiel, sah er, wie Lydia mit kindlichem Dank ihm in's Auge blickte, wie sie dabei aber plötzlich ein leichtes Erschrecken überfiel, wie sie das Auge betroffen niederschlug — ein Benehmen, das er sich nicht zum Nachtheil zu deuten geneigt.

Offenbar hatten die beiden Mädchen nur die rothblaue

Schleife beachtet, als er zu ihnen rettend herantrat; sie hatten ohne Frage nur diese mit ihrem Vertrauen beehrt, in ihrer Herzensangst keine Zeit gehabt, ihm in's Gesicht zu sehen, und jetzt erkannte Lydia, daß sie vertraulich Arm in Arm mit einem jungen Manne gehe, der ein paar funkelnde schwarze Augen im Kopf, der ein kokettes Schnurrbärtchen trug und dessen Haltung so gentil, ja so ritterlich, daß sie seinem Arbeiterstande alle Ehre machte.

Emil fühlte, wie Lydia's Arm in dem seinigen zitterte, als sie die Augen niederschlug. Dieselbe Bewegung aber fühlte er auch auf seinem andern Arm, denn auch Eveline hatte es für nothwendig gehalten, sich ihren Retter mit einem Seiten= blick anzuschauen, und auch sie machte dieselbe vortheilhafte Entdeckung.

So schritten sie dahin, durch die Steige des Gartens.

„Ich fürchte mich vor dem jungen Mann!" hörte Emil Lydia ihrer Freundin leise in englischer Sprache zurufen, deren Verständniß sie ihrem Begleiter nicht zumuthete.

„Er ist hübsch! Er gefällt mir!" lautete Evelinens dreiste Antwort eben so leise geflüstert. „Deine Julie hat keinen schlechten Geschmack," setzte sie lachend hinzu.

Emil machte die ehrenfesteste Miene. Das Compliment ließ ihn innerlich aufjubeln; aber es galt, die beiden Mädchen erst denselben Uebermuth wieder gewinnen zu lassen, der sie hierher geführt. Julie, die Zofe, mochte ihnen ja schließlich als eine Garantie, als eine Geißel für die Ehrenhaftigkeit des Mannes erscheinen, dessen Schutz sie von ihr anempfohlen worden, und hatten sie einmal ein gewisses Sicherheitsgefühl wieder gewonnen, so mochte es allenfalls gerathen sein, ihnen gegenüber einige geistige oder gesellschaftliche Vorzüge den äußeren hinzuzufügen, welche Beide eben so erstaunt anerkannten.

Er stellte sich also, als habe er den kurzen Meinungaus= tausch der beiden Mädchen nicht verstanden, und gab sich das vertrauenswürdigste Gesicht von der Welt.

Lydia blieb still, in sich gekehrt, verschüchtert. Wenn der

falsche Monsieur Robert zu ihr sprach, wagte sie kaum aufzu=
blicken, und als er ihr sagte, es sei ein Wagestück für zwei so
vornehme und reizende Damen gewesen, sich allein unter diese
unruhige Gesellschaft zu begeben, war's Emil, als stiege eine
leichte Abendröthe über das eingeschüchterte Gesicht.

Eveline ihrerseits hatte bald ihre Keckheit wieder gewonnen.
Eigensinnig behielt auch sie Emils Arm; es schien ihr eine
Genugthuung, eine Art Stolz, als simple Arbeiterin an der
Seite eines so hübschen Burschen zu gehen; sie hörte mit Zu=
friedenheit die schmeichelhaften Aeußerungen an, welche den drei
so einig Dahinschreitenden von der übrigen Gesellschaft zugerufen
wurden; sie versetzte sich im Geist so tief in ihre Rolle, daß es
ihrer erregbaren Phantasie war, als könne eine so hübsche Ar=
beiterin wie sie mit einem so hübschen Burschen doch wohl recht
glücklich sein und als bedürfe es zum Lebensglück eigentlich gar
keiner seidenen Gewänder und keiner so kostspieligen Wohnung
in dem vornehmen Grand Hôtel.

Während Lydia still und bescheiden umherblickte, oft wohl
auch ein wenig ängstlich aufathmete, war es Eveline, als werde
es ihrer kräftigen Büste zu eng in der schwachbrüstigen Taille
der Pariserin; sie begann gesprächig, keck zu werden; sie plau=
derte und scherzte mit Emil wie mit ihres Gleichen, und bald
schien's ihr recht schade zu sein, daß dieser wirklich hübsche und
aufgeweckte Bursche mit seinen gefälligen Manieren nur ein
Arbeiter sei. Und der Gedanke kam ihr jedesmal dann, wenn
sie seinem funkelnden schwarzen Augen begegnete, wenn er es
wagte, in die ihren zu schauen. So kam es zwischen Eveline
und dem jungen Arbeiter zu einem vertraulichen Ton, der
Lydia mißfiel.

„Er ist reizend, Lydia!“ rief erstere endlich, sich hinter die
Schulter beugend. „Findest Du nicht? Ich könnte ihn küssen,
so sehr gefällt er mir!“

Emil ward's glühend heiß; es ward ihm eine übermensch=
liche Aufgabe, den Unbefangenen zu spielen; er fühlte, wie sich
Eveline schwerer in seinen Arm hängte, als wollte sie so ganz

das Behagen auskosten, von ihm geführt zu werden. Und dann
blickte sie auf ihre ärmliche Robe. Sie lächelte schelmisch, zu=
frieden mit ihrer Rolle. Das Abenteuer war interessanter, als
sie sich vorgestellt hatte.

Und Emil, anstatt sich zu i h r zu wenden, schaute immer
lieber auf Lydia. Es wollte ihm bald erscheinen, als erröthe
diese wiederum, als bebe ihr Arm wieder ganz leise, als habe
sie Lust, ihn aus dem seinigen los zu machen. Ohne Zweifel,
sie fürchtete sich vor ihm, und da er durchaus nicht die Miene
hatte, als könne oder wolle er ihr was zu Leide thun, so musste
das andere Gründe haben.

Sie antwortete der Freundin nicht auf deren leichtfertige
Rede; sie fühlte sich beschämt, obgleich sie selbst voraussetzte,
daß er ihre Sprache nicht verstehe, und wie sollte auch ein
simpler Arbeiter zu solcher Kenntniß kommen! Emil erschien
sie wie verwandelt. Sie, die sonst so keck und ausgelassen, sie
war schweigsam still, in sich gekehrt. Sonderbarer Wechsel in
diesem Kinde!

Eben wollte er zu ihr sprechen, als das Orchester, geräusch=
voll intonirend, die ganze im halbdunklen Garten zerstreut
umher sitzende oder spazierende Gesellschaft wieder zusammenrief.

Lydia fuhr auf wie aus einem Bann erlöst; ihr Arm
zuckte und wollte sich dem des Führers entziehen, und gerade
d i e s e n Arm zu behalten, war ja sein stilles Glück. Hätte
Eveline, die schöne, herausfordernde Eveline, die ihre Brust so
hingebend an seine Seite drängte, hätte sie zehn Arme in dem
seinigen gehabt, er hätte sie um diesen e i n e n hingegeben.

„Ich bitte Sie, Monsier Robert,“ hörte Emil jetzt Lydia's
Stimme, „führen Sie uns in den Saal, wir möchten dem
Tanz zuschauen. Auch wird es dann Zeit, wieder aufzubrechen.
Man könnte uns zu Hause suchen.“

Emil erschrak. Die Gefahr, den ganzen Zauber so schnell
wieder zerrinnen zu sehen, weckte ihn aus seinem Taumel und
mahnte ihn an die Nothwendigkeit, durch irgend Etwas die
Mädchen hier festzuhalten. Die ihnen gegenüber angenommene,

gesellschaftlich so untergeordnete Stellung gab ihm kein Recht, keinen Vorwand hierzu; daß die Neugier der Damen bald ge= stillt sein werde, mußte er voraussehen, und das Interesse für die Persönlichkeit des hübschen Burschen mußte doch auch seine Grenzen finden, wenn auch Eveline eben im Zuge war, sich in ihre Grisetten=Rolle so recht hineinzuleben.

Die größte Schwierigkeit lag darin, daß Beide bei all ihrem Bemühen, als schlichte Mädchen aus dem Volke zu er= scheinen, doch nur den Unerfahrenen täuschen konnten. Das schlichte dunkle Tibetkleid, das einfache Hütchen thaten freilich ihre Schuldigkeit, und ihr Führer hatte in Duhamel's Atelier die äußeren Gewohnheiten der Arbeiter so gut studirt, daß er für ihres Gleichen gelten konnte; aber Lydia's blaue Augen und die Verzagtheit, mit der sie sich an seinen Arm schmiegte, ihre Haltung, die mit der schlichten Decoration nicht correspon= dirte, die Art und Weise, in der sie die Füße auf diesen ungewohnten Boden setzte; und dann Evelinens nur ihr eigen= thümliche Allure, so angeboren vornehm und ladylike, ihre zur Bewunderung herausfordernde, so fremdartig getragene Gestalt, der kleine spöttische Zug, mit welchem sie Alles beobachtete — das hätte eine schlechte Französin sein müssen, die in ihr eine Landsmännin gesucht hätte.

Emil fühlte dies, er erkannte es aus den Blicken, einigen flüchtigen Aeußerungen des weiblichen Ball=Publikums; er sah es kommen, daß die Schutzbedürftigkeit, mit welcher die Beiden an seinen Armen hingen, schließlich Verdacht erregen müsse, aber er rechnete auf die Galanterie der Pariser.

„Wir setzen uns dort hinten in die Ecke und schauen von dort dem Tanz zu," flüsterte er Lydia zu, auf die an der Längs= wand im Hintergrunde der Halle stehenden kleinen Tische deu= tend. „Niemand wird Sie dort beobachten."

Ein leichter Druck der Hand auf seinen Arm und Eveline beschleunigte ihre Schritte. Sie traten in die Halle. Die Quadrille war in vollem Gange; die Tonwellen des Orchesters brandeten gegen die Wände, über die Köpfe der Tanzenden und der Zuschauenden. Die Halle hatte sich namentlich mit Fremden gefüllt. Mißtrauisch, ängstlich wagte Lydia kaum aufzuschauen, und während Emil, um sich einen Weg durch die Menge zu bahnen, die selbstständigere, muthigere Eveline von seinem Arm lassen mußte, klammerte sich Lydia beschwerend fester an denselben. Was hätte sie darum gegeben, wäre sie wieder daheim! Der Freundin Unternehmungslust hatte sie in ein Abenteuer verwickelt, dessen gutem Ende sie mißtraute. Das Mädchen, zu Hause so ausgelassen und übermüthig, hatte den letzten Muth verloren und schwankend schleifte ihr Fuß, mit fortgezogen, über den glatten Boden.

„Eveline, verliere Dich nicht! Halte Dich an uns!" flüsterte sie, das Gesicht zurückwendend, in ihrer Angst, dieselbe könne von ihnen getrennt werden.

Und das Unglück, das Lydia fürchtete, stand bereits vor ihnen. Sie fühlte plötzlich eine heftige Erschütterung an ihrer Seite; sie sah ihren Begleiter von zwei Händen an der Brust gefaßt und heftig geschüttelt; sie fühlte, wie derselbe ihr den Arm entriß, wie auch seine Hände sich ausstreckten, um sich des Angreifenden zu erwehren. Sie erkannte aufschauend Mr. Bredson, der, umringt von seinen amerikanischen Freunden, Emil erblickend, sich auf diesen gestürzt und vertrauend auf die Hilfe seiner Kameraden in jäher Aufwallung seine Rache= lust zu befriedigen suchte.

Mit einem Schrei fuhr Lydia zurück. Bredson mußte auch sie schon erkannt haben. Von Schreck und Scham gelähmt, geblendet, warf sie sich in die hinter ihr stehende, sich heran= drängende Menge und verschwand in derselben. Sie hörte nur noch ein rohes, heiseres Aufschreien, und das war Bredsons Stimme, dann ein Tosen anderer Stimmen. Die Musik ver= stummte plötzlich; hinter Lydia quirlte sich Alles zu einem lär= menden Knäuel zusammen.

Emil war der Angriff so überraschend, so heftig, daß er im ersten Moment nicht bei sich war. Kaum aber hatte auch er seinen Gegner erkannt, als er mit beiden Händen der langen,

dürren Gestalt Bredsons in die Hüften griff, diese wie in einem
Schraubstock zusammenpreßte, daß Bredson den Athem wie aus
einem zischenden Ventil ausstieß, ihn vom Boden hob und
seinen Kameraden gegen die Köpfe schleuderte, daß diese zurück=
taumelten.

„Platz da!" schrie er den ihn Umbrängenden zu, beide
Arme um sich schleudernd. Mit kühnem Blick schaute er umher,
als diese sich auf die hinter ihnen Anbrängenden zurückwarfen.
Der Knäuel schloß sich hinter ihm, ihn von seinem Angreifer
trennend, dem eben ein Sergeant die Hand auf die Schulter
gelegt, als er schnaubend nach seinem Gegner suchte.

Die beherrschende Ruhe, mit welcher Emil furchtlos jetzt
umherschaute, imponirte der Menge. Man trat zurück, man
bot ihm eine Gasse; er benutzte sie nicht. Er suchte nach den
beiden Mädchen — sie waren in dem Getümmel verschwunden.
Einen Fluch zwischen den Zähnen murmelnd, sah er die Noth=
wendigkeit ein, den Schauplatz zu wechseln und sich unter der
Menge zu verlieren, um nicht, wie dies Mr. Bredson wahr=
scheinlich bevorstand, ebenfalls in's „Violon" abgeführt zu werden.

IX.

Nur die Zunächststehenden waren Zeugen des Angriffs
gewesen, die Uebrigen erkannten Emil nicht. Er suchte, er
bemächtigte sich eines Stuhls, um von diesem aus die Menge
zu überblicken, die sich eben zu entwirren begann, da das
Orchester den Frieden wieder herzustellen suchte. Er stand end=
lich ganz allein auf seinem erhöhten Platz und trostlos gab er
denselben wieder auf — keines der Mädchen war zu sehen.

Sie mußten sich in den Garten geflüchtet haben, der sich
eben des Lärms wegen geleert. Er stürzte hinaus, er suchte
in allen Wegen, in allen Lauben, hinter allen Gebüschen und
eilte endlich athemlos zum Ausgang.

Da stand in der Ecke, im Schatten, eine zierliche Mädchen=
gestalt, erschöpft hingelehnt, mit dem Taschentuch die Thränen
beschwichtigend, ihr Schluchzen unterdrückend. Emil erkannte
Lydia. Das kleine blaue Halstuch hatte sich auf ihrer Flucht
vom Nacken gelöst und hing über ihren Rücken, ihr Antlitz war
leichenblaß; die Thränen blendeten ihre Augen.

Emil kam einem Beamten zuvor, der sich ihr eben hilfreich
nähern wollte.

„Sie sind es? Großer Gott, ich suchte Sie überall. Ich
bringe Ihnen meine Entschuldigung; ich versichere Sie, es ist
mir unbegreiflich . . .“

Lydia schaute ihn mit Vorwurf und dennoch getröstet durch
sein Erscheinen an.

„Wo, um Gottes Willen, ist Miß Eveline?“ rief sie, noch
an allen Gliedern zitternd und mühsam ihr Schluchzen be=
meisternd.

„Ich suchte auch sie vergebens überall. Ich bin untröstlich
über diesen mir unerklärlichen Vorfall,“ versicherte Emil, in
der That verzweifelt über diese Wendung der Dinge.

„Sie müssen sie suchen, Monsieur Robert . . . O, ich will
fort von hier; es war leichtsinnig, mich von ihr überreden zu
lassen . . . Ich bitte, suchen Sie Eveline!“

„Sie ist nicht im Saal, nicht im Garten! Ich vermuthe,
sie wird allein nach Hause gefahren sein . . . Würden Sie
Ihren Fiaker wieder erkennen?“

„O, das wäre treulos!“ jammerte Lydia untröstlich.

„Wir finden sie vielleicht schon draußen im Fiaker auf
Sie warten.“

„Ja, ja!“ Das erschien dem verwirrten Mädchen ein=
leuchtend. „Führen Sie mich, Monsieur Robert! Mein Gott,
ich bin so kraftlos, daß ich mich nicht mehr aufrecht zu
erhalten vermag!

Schweigend bot Emil ihr den Arm und sich auf diesen
stützend erreichte sie die Straße. Und jetzt begann auch Emils
Verwirrung. Dieser verwünschte Bredson hatte ihm einen

groben Strich durch seine Rechnung gemacht. Freilich war er jetzt allein mit Lydia, die ihm in ihrer Trostlosigkeit doppelt schön erschien; sie hing an seinem Arm, er hörte wieder ihr Herz pochen, dieses Herz, um dessen Willen er heute eine so verzweifelt unglücklich ausgehende Komödie gespielt; aber was mit dem aufgeregten, trostlosen Mädchen anfangen! Und was geschah morgen, wenn diese Komödie durchschaut wurde . . . Wo ferner Eveline finden, nach der das zitternde Mädchen jammerte! Und was half ihm endlich all das Vertrauen, das ihm Lydia am Abend geschenkt, wenn morgen . . .

Doch zu was an morgen denken! Lydia hing an seinem Arm und das war der Wonne genug. Er führte sie zu den Fiakern, er suchte und fragte nach dem der beiden Damen — der Fiaker war nicht da.

„Wie treulos!" zitterte es wieder über Lydia's Lippen. „Sie ist ohne mich nach Hause zurückgekehrt! Das kann ich ihr nie vergessen! Aber sie hat es schon einmal so gemacht!"

Rathlos standen Beide da.

„Was befehlen Sie?" fragte Emil.

„Ich will auch nach Hause! . . . Monsieur Robert!" bat sie, das noch immer thränenfeuchte Auge zu ihm aufschlagend, das trotz seiner gewohnten Herzlichkeit jetzt so treuherzig blicken konnte, daß der junge Mann um ein Haar seine Rolle vergessen hätte. „Monsieur Robert," sie schlug verlegen das Auge nieder und ihre Stimme zitterte so seltsam, „würden Sie es mir nicht abschlagen, wenn ich Sie bäte, mich zu begleiten? Ich fürchte mich, so allein im Fiaker . . . den weiten Weg."

Emil hätte in seinem Entzücken die kleine Hand ergreifen und an seine Lippen pressen mögen, die sich in kindlichem Vertrauen bittend eben auf die seinige legte. Rechtzeitig seiner Rolle eingedenk, verbeugte er sich und versicherte, er stehe mit Freuden zu Diensten.

Er rief einen Fiaker herbei, er wagte es, die graziöse Gestalt zu berühren, sie gewandt in den Wagen zu heben, und sie wehrte ihm nicht. Der Fiaker jagte davon und sie saß schweigend neben ihm in holder Befangenheit, sich vielleicht angstvolle Vorwürfe über die Unbesonnenheit machend, mit einem ihr doch wildfremden Menschen so allein da zu sitzen. Aber war denn diese Unbesonnenheit nicht die unabwendbare Folge einer anderen noch viel größeren?

Die frische Nachtluft schien ihr wohl zu thun. Ihre Wangen färbten sich allmälig wieder, Emil sah es in dem matten, blassen Mondenschein, der an den Ecken zuweilen den Fiaker beleuchtete, und der schien ihm so schnell zu fahren, wie noch nie ein Pariser Fiaker gefahren. Er wagte nicht zu sprechen, ihm war's inmitten seiner Wonne, neben dem Mädchen zu sitzen, so sündig zu Muthe, wenn er an morgen dachte, wo seine Intrigue an den Tag kommen mußte.

„Sie kennen Mister Bredson also gar nicht?" fragte endlich Lydia, beschämt sich zu ihm wendend.

„Ich kenne ihn nicht! . . ."

„So begreife ich sein Benehmen nicht. Aber er ist so jäh= zornig; ich habe ihm das schon oft vorgeworfen . . . Was müssen Sie von uns denken, Monsieur Robert, daß wir, zwei schutzlose Mädchen, eine solche Thorheit begehen konnten! Es war auch wirklich mehr Evelinens Schuld, und Julie schilderte uns das auch so reizend, daß wir neugierig wurden . . . Ich will Julie gewiß keinen Vorwurf machen, sie glaubte uns ja sicher unter Ihrem Schutz und konnte ein so fatales Miß= verständniß unmöglich voraussehen . . . Nicht wahr, Sie und Julie werden sich bald heirathen?"

Die Frage setzte Emil doch in einige Verlegenheit. Er die alte Zofe heirathen, die er durch die Salonthür immer so geschwätzig hatte plaudern gehört .. Aber er war ja der Mon= sieur Robert und wenn der ihm einmal begegnete, ging's ihm sicher auch mit diesem wie mit dem jähzornigen Bredson.

„Allerdings," antwortete er gedehnt. Lydia hatte ihn dabei angeschaut, als erscheine es ihr jammerschade, daß ein so hübscher, gentiler und ritterlicher Bursche, dessen Kraft und

Geistesgegenwart sie vorhin bewundert, die doch schon sicher viel ältere und recht häßliche Julie heirathen solle.

„Sie lieben sie wohl sehr?" fragte Lydia, allmälig wieder ruhig werdend.

„Allerdings!" Emil biß die Zähne zusammen und ärgerte sich über sein Errötsen.

Lydia mochte auf die laue Antwort hin annehmen, daß das doch wohl nur eine Vernunftheirath sein möge.

Beide schwiegen. Der Fiaker jagte durch die Straßen, als habe er Wunder was zu versäumen, und Emil sah das Ende seines Glückes nahen, als sie über die Seinebrücke rollten. Heimlich nahm er den auf seinem Bronzeroß sitzenden Ludwig zum Zeugen, daß er keine Andere liebe und lieben könne als diese, in der er sich nicht getäuscht, als er aus einzelnen Symptomen bei stiller Beobachtung vermuthete, daß all ihr kindlicher Uebermuth doch aus einem guten, herzlichen Gemüthe komme und daß nur Eveline die Verführerin sei, von der man ja behauptete, daß sie selbst im kleinen Cirkel der Kaiserin zu ausbündig erschienen.

Und warum sollt' er sie jetzt nicht lieben, nicht morgen lieben, wo er nicht mehr Monsieur Robert, sondern der Baron von Eichsfeld war! Warum nicht, da sie es doch nicht bestritten hatte, als diese viel empfänglichere und gewiß leidenschaftliche Eveline ihr zugerufen, sie finde ihn reizend, da sie derselben doch gestanden, sie fürchte sich vor ihm! Und warum?

Aber inzwischen nahte das Ende für heute. Lydia, die wieder in sich versunken und schweigsam, aber wie er glauben wollte, mit heimlichem Herzklopfen neben ihm gesessen, sie ward unruhig. Sie schaute ihn zuweilen besorgt und fragend an. Es lag ihr etwas auf der Zunge, was sie auszusprechen nicht den Muth hatte.

„Ich wage nicht, vor unserm Hause auszusteigen!" sprach sie endlich beklommen, als sie eben den Boulevard erreichten. „Ich will den Wagen hier verlassen!"

Emil gehorchte ihrem Wunsch. Er hob sie aus dem Fia=

ter und wiederum überließ Lydia ihre schlanke Taille den kräf=
tigen Armen des jungen Arbeiters. Eine Menschenmenge
wogte noch auf dem Asphalt, denn es war eben eilf Uhr vor=
über. Die Läden warfen zum Theil noch ihren Lichtschein über
denselben, vor den Kaffeehäusern saßen noch die gewohnten Gäste.

Emil wagte nicht, ihr den Arm zu bieten. Schweigend
schritten sie neben einander. Vor dem Hause hielt Lydia inne
und legte ängstlich die Hand auf die Brust.

„Der Portier darf mich so nicht sehen," sagte sie beklom=
men. „Wenn ich Sie bemühen dürfte, Monsieur Robert, Julie
zu benachrichtigen . . ."

Auf den Wunsch war er nicht vorbereitet. Er erschrak.
Das hätte noch gefehlt, wenn er, der falsche Geliebte der Zofe,
es wagte . .

„Es würde vielleicht noch mehr auffallen," sagte er bittend,
„wenn . . . Ziehen Sie den kleinen Schleier herab; Niemand
wird Sie erkennen . . ."

Lydia war zu erkenntlich für all die Aufopferung des
jungen Mannes, als daß sie hätte widersprechen können. Ihre
Hand nestelte den Schleier aus dem bescheidenen Röschen auf
dem Hut, dann reichte sie Emil die Hand.

„Tausend Dank!" sagte sie, während ein erkenntlicher
Blick durch den Schleier zu ihm aufblitzte. „Ich werde Julie
von all Ihrer Liebenswürdigkeit erzählen."

So wenig ihm gerade hieran liegen konnte, er nahm
die kleine Hand, er wagte dieselbe leise zu drücken. Erschreckt
entzog sie sich ihm und Lydia eilte in das Haus.

Wie träumend stand Emil da, ihr nachschauend, sich kaum
klar, ob das nicht wirklich ein Traum gewesen. Aber der
Strudel der Promenirenden ließ ihn zu keiner Sammlung
kommen. Als Lydia's Saum im matt beleuchteten Flur ver=
schwunden, riß er sich los und taumelte zum nächsten Kaffee=
hause, um sich dort auf einen der Stühle zu werfen.

„Wenn die Geschichte morgen an's Tageslicht kommt!"
stöhnte er vor sich hin

X.

Niemand hatte Lydia unten im Hause gesehen, denn der Portier plauderte vor einer Nachbarsthür. Als sie den oberen Corridor erreichte mit dem Bewußtsein, als habe sie etwas Böses gethan, sah sie Sam gebückt, mit dem Kopfe nickend, seine Schlaftrunkenheit dadurch überwindend, daß er seine große hölzerne Tabakdose in der Hand hielt, die ihn beim Nieder= fallen weckte — auf dem Stuhl sitzen.

Klappernd fiel eben die Dose zu Boden. Er schaute er= schreckt um sich, erkannte seine junge Herrin und richtete sich mühsam auf.

„O Miß Markland, es ist gut, daß Sie kommen," sagte er müde. „Was ist dies Alles! Mamsell Schüli war aus= gegangen und ließ mir durch den Portier sagen, sie habe bei ihrer Mutter ihre Anfälle bekommen und sich dort zu Bette legen müssen. Fanny (die amerikanische Zofe nämlich) bittet um Verzeihung, daß sie Kopfschmerzen hat und sich auch zu Bett legen mußte . . ."

„Wo ist der Vater?" fragte Lydia schnell.

„O, Mister Markland schläft schon seit zwei Stunden!"

„Es ist gut, Sam! Geh' auch zur Ruhe! . . ."

Damit trat Lydia in ihr Schlafgemach.

Niemand war da, der sie hätte empfangen können. Ihr war's recht so. Die Zofen wären ihr beide heute lästig gewe= sen. Die Nachtlampe brannte unruhig und gab ein zuckendes Leuchtthurms=Licht. Sie sah es nicht.

„Ich will zu Bette gehen! Niemand soll mich mehr stören!" flüsterte sie, den Hut von sich werfend, vor den Spiegel tre= tend und in der matten Beleuchtung sich noch einmal in ihrem Grisettenkleidchen betrachtend . . . „Ich will den Anzug ver= stecken. Niemand darf ihn finden! Niemand soll mir sagen, daß ich dort gewesen! . . . Es war eine unverzeihliche Thor= heit! . . . Und Eveline! Immer treulos, immer egoistisch, immer nur auf sich selbst bedacht! .. Ich werde sie entbehren können! Hat sie mir wohl einen Tag Ruhe gelassen, seit ich hier bin! Diese ewige Jagd nach etwas Anderem und namentlich nach Abenteuerlichem! . . . Ich zittere, wenn ich mir denke, was aus uns geworden wäre, wenn dieser Robert nicht . . ."

„Wie frech sie ihm in's Gesicht sagte, sie finde ihn reizend! Denken konnte sie es sich! Wenn er nun zufällig englisch verstanden hätte! . . . Und wie fest, wie unschicklich sie sich an ihn hängte! . . . Es ist schade um den armen jungen Mann, daß er in niederm Stande geboren, während er doch Alles für einen Gentleman hat! Für die alte vertrocknete Julie ist er wirklich zu hübsch und was für elegante Manieren er hat! . . ."

Lydia hielt das Selbstgespräch, während sie sich mit nervös unsicheren Händen entkleidete, und ohne alle jene unerläßlichen Toilettenumstände warf sie sich auf das Lager und zog die Bettdecke bis an die schönen Augen über sich.

Sie dachte an Eveline, die schuld an Allem und sich so unverantwortlich treulos benommen. Dann schloß sie die Augen und dachte an den Monsieur Robert, dessen Benehmen desto ritterlicher, und deshalb dachte sie an ihn am längsten, ja, es ist nicht unwahrscheinlich, daß sie ihn sogar in ihre Träume mit hinüber nahm.

XI.

Monsieur Duhamel hatte seinem jungen Freunde ein kostbares Präsent für die ihm bereits geleisteten Dienste aufgedrängt und glaubte sich deshalb berechtigt, ihn bitten zu lassen, er möge sich an diesem Morgen recht pünktlich bei Mr. Markland einfinden, mit dem er heute sehr wichtige Abschlußverhandlungen habe.

Emil erhob sich trotzdem heute viel später als sonst, denn er war erst gegen Morgen eingeschlafen. Als er seine Wohnung verließ, begegnete ihm Georgette im koketten Hausgewande. Er war wiederum sehr zerstreut und führte eine convenientionelle Unterhaltung mit ihr, ohne zu wissen, was er eigentlich mit ihr sprach.

„Entschieden," dachte Georgette, als er sich verabschiedet, „er hat eine Liebe im Herzen!..." Und sie ward noch bleicher, als es ihre Gewohnheit war.

Anders war's mit Lydia. Sie hatte nur für einige kurze Stunden Schlaf finden können. Ihre Träume hatten sie immer wieder aufgeschreckt und schließlich fuhr sie jäh mit einem Schreckenslaut im Bett empor, denn sie war wieder zugegen gewesen, wie James, der jähzornige Vetter, den unschuldigen Robert bei der Brust gepackt und wie dieser ihn gleich einem Federball seinen Freunden an die Köpfe geworfen.

Die Sonne war eben über die Boulevards heraufgestiegen, als sie sich vom Lager erhob. Fanny schlief noch im Neben= zimmer, und das war Lydia recht; sie wollte allein sein. Es war so seltsam, so unverantwortlich, daß sie immer an diesen Robert denken mußte, an einen simplen Arbeiter, der den schlechten Geschmack gehabt, sich in ihre Zofe zu verlieben, in diese dürre Klappergestalt... Welch eine Verirrung eines lebenslustigen jungen Menschen, der doch wie ein Gentleman aussah und in seinem Stande von dem schönsten Mädchen geliebt zu werden verdiente, ja, den man selbst lieben könnte, wenn er nicht eben Monsieur Robert gewesen wäre...

Wie wüst und albern erschienen ihr alle die jungen Männer, ihre Landsleute, mit denen sie täglich verkehrt, gegen diesen; wie roh hatte sich James Bredson benommen!... Und was der nur gegen ihn gehabt haben mochte! Unstreitig hatte er, der sie immer mit seinen plumpen Huldigungen ver= folgte, sie am Arm dieses schönen jungen Mannes erkannt und das hatte ihn in solche Wuth gebracht!

Und wie Eveline wohl nach Hause gekommen sein mochte!

Ohne Frage sehr bequem! Sie hatte sich in den gemeinschaft=
lichen Fiaker gerettet, hatte ihre Freundin ihrem Schicksal über=
lassen, und war davon gefahren. . . . Es war mindestens
treulos! Die Freundschaft mit Eveline musste ein Ende haben.

So saß sie am offenen Fenster und schaute auf den schon
längst belebten Boulevard hinab, bis Fanny erschien, der sie
auf ihre Fragen verdrossene, ungnädige Antworten gab, bis sie
Sam durch den großen Salon trippeln hörte. Sie berührte
das Frühstück nicht, das ihr Fanny mit fragendem Blick auf=
trug; sie schritt in ihrem weißen Hausgewande unruhig im
Zimmer auf und ab, sie wehte sich bald mit dem Taschentuche
Kühlung zu, bald zog sie die Brüsseler Spitzen fröstelnd an
den Hals und versteckte die nackten Arme in denselben, und
dabei wich ihr Auge der Zofe aus, ihre Lippen presten sich
zusammen, das Haar befreite sich aus seinen am Abend nicht
ordnungsmäßig gelegten Banden und hing ihr wie flatternder
Sonnenschein um die Schläfen. — Sie war sehr nervös, und
als endlich Fanny die Nachricht brachte, Miß Eveline lasse
sich schon so früh nach ihrem Wohlsein erkundigen, rief sie,
der Zofe den Rücken kehrend, es bedürfe keiner Antwort.

Als Fanny zurückkehrte, war es Lydia, als könne heute
etwas Ungewöhnliches passiren — es war so eine der Ahnungen,
wie sie uns in nervösem Zustande wohl überfallen — sie
wünsche deshalb frühzeitig angekleidet zu sein; Julie sei wahr=
scheinlich noch krank, sie wolle auf diese nicht warten.

XII.

Monsieur Duhamel stellte sich bereits nach neun Uhr mit
einem Heft unter dem Arm ein. Sam versprach ihm, Mister
Markland von seiner Ankunft zu unterrichten, und Duhamel,
seinen jungen Freund noch vermissend, trat, den Kopf voll

wichtigster Geschäftsgedanken, an's Fenster und schaute zerstreut auf die Straße.

Markland ließ auf sich warten und Duhamel war doch Alles am endlichen Abschluß gelegen. Gestern war der Erstere wieder halb unschlüssig gewesen; wenn er nun überhaupt anderen Sinnes geworden wäre! . . . Duhamel befand sich in Folge des langen Alleindastehens in immer zunehmender Aufregung. Wäre wenigstens sein junger Freund schon da!

Endlich traten Beide fast gleichzeitig durch zwei verschiedene Thüren ein. Mr. Markland erschien, entgegen den düsteren Befürchtungen Duhamels, sehr guter Laune; er war ganz in weißen Stoff gekleidet wie zur Sommerpromenade. Er wünschte seinem Geschäftsfreund mit aufgeräumter Miene einen guten Morgen und reichte ihm die breite, fleischige Hand. Dann streifte er den eintretenden jungen Mann mit einem protegirenden Gönnerblick, dessen Gruß erwidernd, und nahm keine Notiz von dem Ernst auf Emils Gesicht, noch von dem zwar einfachen, aber doch ungewöhnlichen Gentleman-Kostüm, in welchem dieser heute erschien.

In der That zeigte das Antlitz des jungen Mannes heute nicht die Lebensfreudigkeit, die dasselbe sonst so ansprechend und sympathisch machte. Seine immer so glänzenden Augen schienen müde und verschleiert; sie blickten wie Augen, durch die ein unruhiges Gewissen schaut. Er war bleich, sein Blick auf Markland, die Art, wie er sich näherte, war voll Mißtrauen und Unsicherheit, sein Benehmen etwas hölzern.

Beide Herren achteten nicht darauf, denn Beide hatten ihre Geschäfte im Kopf. Emil trat zerstreut an's Fenster und trommelte mit den Fingern auf das Gesims.

Auch seine Kleidung deutete an, als sei er der bescheidenen Rolle plötzlich müde geworden und suche einen Uebergang zurück in die ihm gebührende Stellung. Ebenso war sein Verhalten den Männern gegenüber unabhängiger, bewußter; er warf zuweilen einen Blick in das Zimmer, als langweile ihn die Aufgabe, die er bisher in so freudiger, aber banger Erregung geleistet.

Aber, wie gesagt, die beiden Geschäftsmänner, wie sie eben sich an ihre Rechnungen und Zeichnungen setzten, waren weit entfernt, von seiner Stimmung Notiz zu nehmen. Und er lauschte auf jedes leiseste Geräusch, das von drüben kommen konnte.

„Monsieur Exfeld! Ich bitte!" störte ihn jetzt Duhamels Stimme und eine höflich einladende Handbewegung, als die Abschlußverhandlung beginnen sollte.

Emil stand versunken im Lauschen da. Er schrak auf und näherte sich zaudernd dem Tische inmitten des Salons, an welchem Beide saßen. Ihm war's gerade jetzt, als habe er drüben Lydia's Stimme gehört, und dabei war's ihm gewesen, als fühle er noch des schönen Mädchens Arm auf dem seinen, als hauche ihn ihr Athem an, als . . .

Gewiß, drüben in Lydia's Nebensalon waren Stimmen laut geworden, ziemlich laut und lebhaft sogar. Ihm fuhr's eisig durch's Mark. Lydia mußte seine Intrigue schon klar geworden sein; wenn sie der französischen Zofe gestern Abend erzählt hatte, was ihr widerfahren, mußte Alles verrathen sein. Der wirkliche Monsieur Robert hatte seine Geliebte unfehlbar im Kaffeehause getroffen, denn alle Liebespaare dieses Standes haben in Paris bestimmte Café's, welche sie besuchen, und wenn ihr Lydia von dem galanten Schutz erzählt, den i h r derselbe Robert da draußen hatte angedeihen lassen, während er doch bei seiner Liebsten gesessen; ja, wenn sie sich auch erst heute Morgen darüber ausgesprochen . . . ohne alle Frage war es bereits zum Eclat gekommen, und w e r war der Usurpator, der sich des wirklichen Roberts bunte Cravatte und damit jene neidenswerthe Berechtigung angemaßt! . . .

Man brauchte ihn nur hier im Salon zu sehen, zu er= kennen . . . Gewiß Lydia, die eben, wie er zögernd zu Duhamel trat, so laut drüben sprach, sie gab jetzt ihrer Entrüstung Raum, und er, der Intriguant, der Prätendent, war nur we= nige Schritte von ihr entfernt, nur eine Wand trennte sie von ihm, eine Thür, die sie nur zu öffnen brauchte . . .

Emil rief seinen Muth, seine ganze Keckheit zusammen, die ihn noch nie im Stiche gelassen. Mochte geschehen, was da wolle, er hatte eine Unwahrheit gesagt, eine Intrigue gesponnen, um sich zum Ritter der Dame zu machen, um sich Lydia zu nähern — Sie mochten das erfahren, ja sie sollten es erfahren! Er besaß Geist genug, um die Sache im vortheilhaften Lichte darzustellen. Lydia mußte ihm auch vergeben, wenn er das Motiv erklärte, wenn er offen eingestand, wie lange er sie schon insgeheim, in größter Bescheidenheit angebetet; und dergleichen vergiebt ein Mädchen immer, wenn es nur das Genie bewundern kann, mit dem es ausgeführt worden.

Lächelnd drehte sich Emil eben, neben Duhamel tretend, das Schnurrbärtchen, als die Hauptthür des Salons stürmisch aufgerissen wurde. Emil erschrak; er duckte unwillkürlich den Kopf und beugte sich zu Duhamel hinab.

XIII.

Drüben im andern Salon und schon vorher in Lydia's Toilettenzimmer war es allerdings etwas lebhaft zugegangen.

Julie, eine ziemlich häßliche, aber gewandte Person, hatte den freien Abend benutzt, um ihrer Mutter einen Besuch zu machen.

Ihr Geliebter, als er, den Omnibus benutzend, sie nicht im Kaffeehause traf, wohin er beschieden worden, hatte dort erst noch einige Absynthe zu sich genommen und dann beschlossen, sie bei ihrer Mutter aufzusuchen, wo er sie sicher treffen mußte.

Er fand sie und Julie empfing ihn mit den heftigsten Vorwürfen. Sie war außer sich. Ihre Herrin ohne Schutz da draußen! Wenn ihr irgend ein Affront begegnete!

Robert berief sich auf den jungen Mann, durch den sie ihm habe sagen lassen, die Damen würden nicht kommen, er solle sie im Café treffen.

„Du warst betrunken! Ich rieche dir den Absynth an!" schrie Julie. „Welch ein Elend, einen solchen Trunkenbold zu haben, der mich um meine Stellung bringen wird."

Robert ward gereizt, um so mehr, als er wusste, daß er nüchtern gewesen, und wer dem Trunk huldigt, verzeiht so ungerechten Vorwurf nicht. Es entstand eine heftige Scene. Robert im Bewusstsein der Unschuld packte wüthend die auf dem Tische stehende kleine Nähmaschine der Mutter und schleuderte sie auf den Boden.

Julie bekam ihre fallenden Krämpfe. Sie musste zu Bett gebracht werden. Die Mutter eilte zu ihrer Herrschaft, um sie zu entschuldigen, und Monsieur Robert ging zur nächsten Weinstube, um weiter zu trinken.

Am Morgen gegen neun Uhr trat Julie mit einem leichenblassen Gesicht in Lydia's Schlafgemach, wo Fanny eben die ihr zustehenden Dienste verrichtete. Die Aermste zitterte noch an allen Gliedern vor Erschöpfung und brach in einen Schwall von Bitten um Verzeihung aus; sie werde es ihrem Geliebten nie vergeben, daß er gerade gestern sich betrunken, daß er „ihre theure Miß" im Stich gelassen, um die sie in der Nacht, als sie wieder zu sich gekommen, in tausend Aengsten geschwebt.

Lydia, die im Peignoir da saß, hörte sie mit wachsendem Staunen an, während Fanny die goldigen Locken durch Hand und Kamm gleiten ließ und heimliche Schadenfreude über das Malheur dieser Person empfand, die sie bei ihrer Herrin in den Hintergrund gedrängt, nur weil sie eine Französin war.

„Aber, liebe Julie," sagte Lydia endlich gelassen und lächelnd, „ich verstehe Sie nicht! Ihr Monsieur Robert ist ein überaus galanter, liebenswürdiger junger Mann, auf den Sie stolz sein sollten! Ich versichere Sie, er hat sich wie der tadelloseste Gentleman gegen uns benommen."

Julie stand da mit geöffnetem Munde und zitternden

Lippen, als sei sie soeben ohne körperliche Beschädigung aus den Wolken gefallen.

„Robert war . . .!" brachte sie hervor, während ihre mageren Hände gefaltet herabhingen.

„Er hat uns wohl eine Stunde lang umher geführt!" versicherte Lydia, auch schon angesteckt durch ihr Erstarren. Julie schüttelte den Kopf, dann biß sie die Lippen zusammen.

„Der Grebin!" murmelte sie. „So hat er einen Andern geschickt!"

Lydia glaubte sie verstanden zu haben.

„Einen Andern? Unmöglich! Er ließ sich Robert nennen!" sagte sie besorgt und mißtrauisch. „Nicht wahr? Er ist ein hübscher junger Mann mit schwarzem, krausem Haar und Schnurrbart, schlank und . . ."

Julie schüttelte noch ärger den Kopf. Die Schilderung paßte auf ihren Trunkenbold wie die Faust auf's Auge. Kein Zweifel, ihr Verdacht war begründet.

„Er soll's mir büßen!" rief sie, die eine Hand geballt erhebend. „Eine solche Unverschämtheit! Zwei so vornehme Damen dem ersten Besten anzuvertrauen!"

„Julie! Es wäre auch mir höchst fatal, wenn dem so wäre," sagte Lydia unangenehm berührt. „Ich erschrecke sogar vor dem Gedanken, vor der Gefahr, von der wir keine Ahnung hatten! Was aber den jungen Mann betrifft, muß ich der Wahrheit die Ehre geben, er benahm sich tadellos, sogar überraschend gentil für seinen Stand! Er sprach mit einer Bildung, einer Delikatesse . . ."

Julie fuhr sich mit der Hand an den Kopf. Ihr war die Sache platterdings unbegreiflich. Sie überlegte, daß ihr Geliebter als Stuckateur in einem Hause des Montmartre drüben arbeitete — sie mußte Gewißheit haben!

Und ohne um Erlaubniß zu fragen, den Hut, den abzulegen sie keine Zeit und Besinnung gehabt, noch auf dem Kopfe, stürzte sie zur Thür hinaus.

„Wir werden sehen! . . . O, wir werden sehen!" . . .

rief sie an dem erstaunten Sam vorüber schnaubend und pol=
terte die Treppe hinunter.

Lydia ward es warm unter dem Peignoir; ungeduldig
bewegte sich das Köpfchen, sie streckte die Arme aus; das Be=
nehmen Juliens gefiel ihr nicht . . . Wer war dieser junge
Mann? . . .

„Fanny, bist Du denn noch nicht fertig!“ rief sie, der
Zofe die Locken entreißend, deren Arbeit während der Unter=
haltung mit Julie nicht fortgeschritten war, obgleich sie wenig
davon verstanden.

Und Fanny heftete erschreckt eben die letzten Locken auf,
als Lydia mit hoch geröthetem Antlitze aufsprang, den Puder=
mantel von sich warf und in aller Eile nach ihrer Robe
verlangte.

„Welche befehlen Sie, Miß?“ fragte Fanny, denn es war
ja am Abend keine Gelegenheit gewesen, diese wichtige Frage
zu erörtern.

„Die erste beste! . . . Dort das apfelblüthige!“ rief sie.
„Gleichviel! Spute Dich! . . . Mein Gott, mein Gott, mich
überfällt eine Angst! Wer kann dieser junge Mann gewesen
sein! . . . Ich schäme mich zu Tode!“ . . .

Das Gesicht mit beiden Händen verhüllend, stand sie da,
während Fanny die Robe brachte, um sie ihr über die rosigen
Schultern zu werfen.

Es pochte. Sam's Stimme, gedämpft vom Respect für
die junge Herrin und eingeschüchtert durch das Fortstürmen
der Französin, das ihm ungewöhnliche Vorgänge andeutete —
Sam's Stimme rief von draußen:

„Miß Eveline läßt sagen, sie werde Miß Markland in
einer halben Stunde zur Promenade abholen.“

Lydia lauschte mit erhitztem Gesicht auf, aus dem jetzt
plötzlich das schnelle Blut wieder zurücktrat. Sie blickte sinnend,
aber unmuthig zu Boden.

„Ich bin krank! — Ich will nicht auf die Promenade,
laß' ich ihr sagen!“

Ihr Ton war heftig, das kleine Füßchen stampfte den
Boden. Sie lauschte wieder; sie hörte Sam forttrippeln.

„Himmel, was ist denn eigentlich vorgegangen!" seufzte
Fanny leise, unbeweglich hinter ihr die Robe haltend und den
Zornausbruch ihrer Miß fürchtend, der zuweilen recht unan=
genehm sein konnte.

„So spute Dich doch, Fanny! Wie Du heute wieder
linkisch bist!" rief Lydia. „Ich stehe schon seit einer Viertel=
stunde so da!"

Fanny wagte keinen Streit über diese Zeitrechnung. Sie
schwieg und that mit fliegenden Händen ihre Schuldigkeit,
ungeschickt wie immer, wenn etwas in der Hast geschieht und
nicht ohne Verwickelung der Häkchen mit den blonden Locken.

In Lydia war inzwischen die Aufregung einer sanfteren
Besorgniß gewichen. Wer war dieser junge Mann! Ihr selbst
wollte es jetzt so erscheinen, als könne gestern Abend nicht
Alles mit rechten Dingen zugegangen sein.

Seit Julie ihr gesagt, ihr Geliebter sei gar nicht auf dem
Ball da draußen gewesen, seit es schon fast erwiesen, daß
dieser sie nicht begleitet, war allen Vermuthungen Thür und
Thor geöffnet. Gestern Abend, wo sie sich dem Schutze eines
simplen ehrenwerthen Ouvriers empfohlen wußte, konnte Lydia
wohl überrascht gewesen sein, in diesem Arbeiter einen jungen
Mann zu erblicken, der sich mit so viel Anstand präsentirte,
dessen Unterhaltung, ohne daß sie wesentlich dessen Acht hatte,
oft über die Bildungssphäre dieses Standes hinausschweifte.
Es war an sich nichts so Verwunderliches, daß er ein so schöner
junger Mann, denn mancher Gentleman könnte sich gratuliren,
wie z. B. dieser James Bredson, wenn er die gesellschaftlichen
Formen so manchen Arbeiters besäße, aber . . .

Es tauchten jetzt, wo die Sache sich dem Räthselhaften
zuneigte, in Lydia's so frischer Erinnerung Momente auf, die
unter diesem neuen Licht ganz verdächtig aussahen.

Wie, wenn sie sich ahnungslos Beide einem ganz Andern
anvertraut hätten, gleichviel, wie das möglich gewesen, vielleicht

sogar in Folge einer Intrigue dieser Julie! Und wenn dieser
ganz Andere Evelinens unbesonnene Worte über seine Person
verstanden hätte! . . .

Eine Purpurwelle übergoß ihr Gesicht. Um das Fanny
zu verbergen, trat sie an das auf den Hof gehende Fenster.
Sie lehnte die heiße Stirn an die Scheibe, die auch keine
Kühlung gab. Ihr Herzschlag galoppirte und je mehr das
junge Herz tobte, desto beklommener ward's ihr um die Brust.
Das Mieder war so eng, daß sie es hätte aufreißen können;
aber Fanny durfte Nichts merken.

Und wenn das war — sie, Lydia Markland, hatte sich
mit so blindem Vertrauen schutzsuchend an diesen jungen Mann
geschmiegt, gleichviel ob Eveline in ihrer Leichtfertigkeit nicht
dasselbe, vielleicht noch mehr gethan! Sie hatte, als er sie wie
ein verschlagenes Täubchen weinend und schluchzend am Aus=
gange jenes verhängnißvollen Lokales wieder eingefangen, sich
an ihn gehängt wie an einen intimen Freund, hatte ihm die
Hand gereicht, hatte neben ihm gesessen, als sie nach Hause
fuhren, hatte sich dort so herzlich von ihm getrennt, in ihrer
Befangenheit — was ihr eben erst heiß auf die Seele fiel —
ihn sogar den Fiaker ablohnen lassen! . . . Großer Gott,
welch eine Schmach! . . . Und an all' dem war Eveline
schuld, Eveline, die jetzt noch die Unverfrorenheit hatte, sie zur
Promenade abholen zu wollen!

Was war aus der übermüthigen, eigenwilligen, sonst so
selbstständigen Lydia Markland geworden! . . . Ja, was war
aus ihr geworden!

Die Frage entrüstete sie über sich selbst. Sie biß die
Lippen zusammen, sie zerknitterte das Taschentuch zwischen den
Fingern. Sie wollte der Situation, die nun einmal nicht
mehr zu ändern war, gerade in's Auge sehen; dem ganzen
Vorfall sollte eine andere Physiognomie gegeben werden. Ein
Maskenscherz sollte das Alles nur sein, ja ein Scherz, den sie
als Fremde sich erlauben konnte! Im Grunde war's äußerlich
viel ehrenvoller für sie gewesen, daß sie sich dem Arm eines

5*

hübschen Burschen . . . und eines wirklich sehr hübschen, interessanten Burschen anvertraut, als dem des Geliebten Juliens, der sich, pfui! gestern Abend betrunken haben sollte! Welch ein Scandal hätte daraus entstehen können, wenn sie genöthigt gewesen wäre, sich dem Schutz eines betrunkenen Menschen zu übergeben, der vielleicht . . . Es war unberechenbar, was daraus hätte entstehen können, und so war's denn sicher am besten so, wie es eben — gewesen war.

Lydia schöpfte aus dieser Ueberlegung ihre Ruhe wieder. Sie war eben im Begriff, sich in's Zimmer zurückzuwenden, als sie eine laute, schreiende und tobende Männerstimme aus dem Salon des Vaters herüberbringen hörte.

Lauschend, wieder erschüttert in soeben erst gewonnener Ruhe, stand sie da. Fanny, schon durch Juliens Auftreten vorbereitet, daß heute Morgen allerlei Ungewöhnliches vorgehen könne, machte sich etwas im Zimmer zu schaffen.

XIV.

Mister James Bredson, Emils böser Geist, war's, der unbekümmert um Sam's Einsprache in seines Oheims, Mr. Markland, Salon hereinpolterte, als Emil eben zu Duhamel an den Tisch getreten war.

Erschreckt beugte Emil sich über Duhamel, um nicht sofort erkannt zu sein, denn Bredson's Antlitz flößte wirklich Bestürzung ein, nicht nur ihm, sondern auch den beiden alten Herren, die ihre Crayons, mit denen sie eben zu rechnen im Begriff, aus der Hand sinken ließen und den Hereintobenden anstarrten.

Bredson's lange, dürre Gestalt trug eine übernächtige, derangirte Toilette. Die Cravatte saß ihm schief am Halse, die Schleife auf der Schulter, sein Hemd war zerknittert. Das Haar hing ihm struppig, ungekämmt um Stirn und Schläfe,

sein Gesicht war bleich, fahl, sein Auge schoß, troß der Ver-
schleierung durch Müdigkeit, wilde Blitze.

Der Unglückliche war mit seinem jähzornigen Temperamente
gestern Abend in Tobsucht gerathen, als er, von seinen Freunden
wieder auf die Beine gestellt, den Gegner vergeblich gesucht.
Einer der in derartigen Lokalen die Ordnung und Sitte über-
wachenden dreimastigen Sergeanten hatte ihm beschwichtigend,
da er einen Fremden vor sich sah, die Hand auf die Schulter
gelegt, und als Bredson, ein Schwächling mit der Kampfhahns-
Natur, sofort eine Boxerstellung gegen ihn einnahm und aus-
holte, um dem Sergeanten einen Stoß vor den Bauch zu geben,
hatte ein anderer Sergeant ihn um den Rücken gepackt und
Mr. Bredson war troß allem Demonstriren seiner Freunde in's
Violon gebracht worden.

Niemand hatte ihm dort etwas zu Leide gethan, man
überließ ihn die ganze Nacht hindurch sich selbst und einer
Gesellschaft, die er sich schwerlich ausgewählt haben würde.

Am Morgen ward er einem kurzen Verhör unterworfen,
in welchem er sich wieder sehr heißspornig benahm; indeß, man
entließ ihn, nachdem er seinen Namen und seine Wohnung zu
Protokoll gegeben, weil er ein Fremder war, die während der
Dauer der Ausstellung der Rücksicht der Behörden empfohlen
worden.

Racheschnaubend, ohne das Bedürfniß nach einem Frühstück, stürzte er sich in einen Fiaker. Die frische Morgenluft
kühlte seinen Haß nicht; der Kutscher fuhr ihm nicht schnell
genug; er spornte ihn durch Trinkgeld und bewies dem Manne,
im Wagen hinter ihm stehend, daß sein Schimmel eine ganz
elende Mähre sei . . . Der Kutscher glaubte, einen Verrückten
hinter sich zu haben und schlug unbarmherzig auf sein Pferd.

So erreichte Bredson seines Oheims Markland Wohnung.
Der sollte Alles wissen, Alles ohne Rückhalt. In Bredson
brodelte und siedete es zum Ueberlaufen und mit einem Sprung
seiner langen Beine stand er vom Fiaker im Hause.

*   *   *

„Sagen Sie Herrn Duhamel,“ wandte sich Markland eben
an Emil, „daß mir selbst daran liege, heute wegen der dre-
henden Webe-Maschinen mit ihm zu definitivem Abschluß zu
kommen“ — da stürzte Bredson mit der Thür in's Zimmer
herein und Emil blieb das Wort auf der Zunge. Eiskalt lief
es ihm über den Nacken.

Jetzt mußte die Bombe platzen. Er duckte sich und Bredson
spie sein ganzes Granatfeuer aus.

„Onkel . . . Onkel!“ rief er athemlos an den Tisch
schreitend. „Onkel! Es ist eine Schande, es ist eine Sünde
und eine Schande! Ich dulde das nicht auf mir; ich ersticke
vor Wuth! Die Schmach! Die Beleidigung! Ich zerschlage
Alles, was mir unter die Hände kommt, ich kann nicht anders,
goddam!“

Damit streckte er den langen Arm aus, packte das große
Dintenfaß, stieß es auf den Tisch, daß der schwarze Spring-
brunnen über den Teppich floß und fuhr sich dann mit der
begossenen Hand über die Stirn, um die Strähnen des Haares
über den Scheitel zurückzuwerfen.

Mr. Markland war nicht der Mann, der sich durch Der-
artiges echauffiren ließ. Er schaute den langen Neffen an,
wie er von den Augen bis zur Stirn mit Dinte gefärbt war
und richtete sich in seiner fleischigen Majestät auf, beide Hände
in die Hosentaschen schiebend. Duhamel war entsetzt auf- und
zurückgefahren; Emil wandte der Scene den Rücken.

Der junge Mensch war wie eine Furie. Das ganze Maß
der Schmach, die er erlitten, schäumte wieder über, als es galt,
sie zu schildern.

„Willst Du so gut sein, Dich ruhig zu benehmen?“ fragte
Markland mit Würde, eine seiner Bart-Coteletten erfassend und
um den Zeigefinger wickelnd. „Du siehst, ich habe wichtige
Geschäfte; ich bitte Dich also, mir Deine Dummheiten später
zu erzählen!“

Bredson starrte mit offenem Mund und aufgerissenen Augen
den Oheim an. Seine Faust fiel auf den Tisch, daß dieser bebte.

„Dummheiten!" schrie er auf. „Dummheiten nennst Du es, wenn ich unschuldig hier in öffentlichen Lokalen angegriffen, mißhandelt und für eine ganze Nacht in's Gefängniß geschleppt werde!"

Mr. Markland hörte mit unerschütterter Ruhe. Ein schaden=froher Zug legte sich um seine Nase. Die Hand sank vom Bart wieder in die Tasche zurück.

„So wende Dich an die Behörden und suche dort Dein Recht, aber nicht hier, wo ich wichtige Geschäfte zu erledigen habe."

Bredson schäumte, aber diesmal vor Hohn. Er kreuzte die Arme auf der Brust und schaute den Oheim überlegen, siegbewußt an.

„So? An die Behörde?" zischte er, sich selbst kaum noch kennend. „Soll ich etwa Mister Marklands Tochter bei der Behörde verklagen, wenn sie ehrlos genug ist, sich mit fremden Männern des Nachts Arm in Arm in öffentlichen Lokalen zu zeigen? . . . Soll ich, Mr. Markland?" Und ein helles Hohn=gelächter schloß diese Rede.

Der massive alte Mann stand da, plötzlich erschüttert, als habe er einen Schlag vor die Stirn ertragen. Sein Mund öffnete sich, seine Zunge war gelähmt. Aber der Gedanke, daß ein fremder Geschäftsmann diese Anklage gegen sein einziges Kind gehört, gab ihm die Fassung zurück.

„Was redest Du, Bube?" fragte er, sich vorbeugend und beide Hände auf den Tisch stemmend. „Du sprichst von meiner Tochter, von Miß Lydia Markland!" . . .

„Von Miß Lydia Markland!" Bredson war es ein un=geheures Behagen, diesen Namen wiederholen zu können, und er schrie ihn laut. Die schwer verletzte Eifersucht, die Demü=thigung, Lydia sogar am Arm eines Menschen gesehen zu haben, der seiner Kleidung nach weit unter ihm stehen mußte, der ihn schon einmal thätlich und fast blutig, wenigstens blutrünstig beleidigt, war zu jeder schmähenden Anklage bereit. Seine Wuth gegen das Mädchen, auf das er, eines schwer reichen

Mannes Sohn und Angehöriger der Familie, alleinigen Anspruch zu haben glaubte, zwang ihn, Lydia tief zu verachten. Er verlangte ihr Verderben; nur das konnte ihm genugthun.

Bredson sprach mit einer solchen Sicherheit, daß Markland sich für den Moment überwunden sah. Dieser senkte den Kopf; er stand sekundenlang wie betäubt. Dann richtete er sich an Duhamel.

„Es ist ein Mißverständniß," sagte er zu letzterem, ohne zu erwägen, daß derselbe als Stockfranzose kein Wort verstanden. „Sie müssen jetzt auch die Aufklärung hören."

Von Emils Anwesenheit schien ihm Nichts bewußt. Schweigend ließ er sich auf seinen Stuhl sinken. Duhamel folgte seinem Beispiel.

„Jetzt sprich!" rief Markland Bredson mit tiefem Ernst zu. „Aber mit der Ruhe, die Du mir schuldest, wenn Du erwartest, daß ich Dich anhöre!"

Bredson verbiß seine Wuth. Er suchte nach der nöthigen Ruhe zur Erzählung und das kostete ihm Ueberwindung, denn in ihm kochte es noch immer.

Da wollte es das Unglück, daß Markland sich des jungen Dolmetschers erinnerte. Er hatte Ueberlegung genug gefunden, um sich zu sagen, daß Duhamel nichts von all' dem verstehe, daß aber jener junge Mann . . . und es handelte sich um sein Kind!

„Mein Herr, darf ich Sie bitten, uns einen Augenblick allein zu lassen? . . . Dort drüben mein Zimmer . . ." Er wandte sich damit im Stuhl zurück zu Emil.

Dieser machte eine halbe Bewegung. Er sah ein, daß es kaum noch ein Mittel gebe, Bredson zu entgehen, denn er mußte an ihm vorüber. Auch dieser hatte aufgeschaut. Er sah Emils Profil; er erkannte mit scharfem Auge seinen Gegner. Und während Marklands Arm nach seinem Zimmer deutete, quoll ein Gurgellaut aus Bredsons Kehle.

„Verdammt! . . . ." Damit sprang er um den Tisch, vorüber an Markland, und mit wenigen Sätzen stand er neben Emil, ihm die Hand auf die Schulter legend, mit der andern seinen Arm erfassend, um ihn herumzureißen.

„Der ist es!" schrie Bredson. „Onkel, derselbe! Ich habe ihn!" Seine Hand wollte eben Emil hinten am Kragen erfassen, als er eine andere an seiner Brust fühlte, die ihn mit weit überlegener Gewalt auf Armeslänge von seinem Gegner hielt.

„Geben Sie Frieden, Ohnmächtiger!" entpreßte es sich Emils Munde. Er hielt ihn von sich und Bredson drehte nutzlos die Arme umeinander, um ihn mit seinem Stoß zu erreichen.

Markland und Duhamel waren aufgesprungen. Der erstere umfaßte Bredson von rückwärts.

„Ruhe gebiete ich!" rief er erzürnt. „Bursche, Du bist von Sinnen!" Damit schüttelte er den Wüthenden.

„Er ist es, der mit Lydia Arm in Arm gegangen! Ich mache ihn todt, den Schurken!" gurgelte Bredson, dem Emils Hand den Hals schnürte.

„Mr. Markland, ich beschwöre Sie, mich von diesem Herrn zu befreien!" rief Emil mit Ruhe, aber Entschlossenheit und drohend.

„James, dieser Herr wird nicht das Zimmer verlassen, ehe Du gesprochen. Ich bürge Dir dafür! Also rede!" Damit hatte Markland sich des Wüthenden bemächtigt; er zog ihn mit kräftigem Arm zurück und gab Emil einen beschwichtigenden Wink. Auch seine Hand sank jetzt herab.

„Rede!" gebot Markland, Bredsons Handgelenk umklammernd, um ihn festzuhalten. Dabei warf er einen mißtrauischen Blick auf Emil, denn ohne Frage war etwas zwischen diesen Beiden vorgegangen.

Bredson keuchte, aber er schien geneigt, sich auszusprechen. Markland deutete schweigend Emil an, sich auf die andere Seite des Tisches zu begeben.

„So wahr ich hier vor Dir stehe, Onkel," begann Bredson jetzt keuchend, „ich schwöre Dir, ich habe Miß Lydia gestern

Abend gesehen, Arm in Arm mit diesem ... Schurken!" knirschte er zwischen den Zähnen, daß ihm der Gischt vor den Mund trat.

Markland maß Emil mit finsterem, strafendem Blick. Seine Brauen legten sich borstig über die Augen.

„Spricht er die Wahrheit, mein Herr?" fragte er mit einer Stimme, so weh, so zitternd, daß das tief verwundete Vaterherz herausschrie.

Der Gedanke, sein Kind so lange sich selbst überlassen zu haben, und zwar in einer fremden, so verführerischen Stadt, dieser Vorwurf überkam ihn plötzlich und mochte ihn schwer darnieder drücken.

Seine Brust hob sich arbeitend, sein Auge sog sich fest an der Miene des jungen Mannes, als wolle er bemessen, was er diesem zutrauen dürfe, und was diese Miene ihm antwortete, mochte trostlos genug sein.

Bredson hatte seinen Blick wie verschlingend auf Emil gerichtet. Er war bereit, ihn Lügen zu strafen, falls er leugnen sollte, und das letztere erwartete er seiner ganzen Haltung nach. Seine Rachsucht verlangte ein furchtbares, unnachsichtliches Gericht über die beiden Sünder und triumphirend sah er, wie seines Gegners Auge vor dem Mr. Marklands den Boden suchte.

Tiefe Stille, während welcher Duhamel bald den Einen, bald den Andern anschaute und sich den Kopf zerbrach, was das Alles bedeuten könne.

Da schnellte Bredsons Gestalt plötzlich empor, er schoß einen satanfreudigen Blick auf Markland, denn Emils Stimme sprach eben ein lautes „Ja."

Und gleichzeitig hatte dieser sich hoch, bewusst aufgerichtet, um Marklands Blick zu begegnen.

„Ja! Ich habe keine Ursache, das Geschehene zu leugnen."

Markland erzitterte bis in den kleinsten Nerv. Das Benehmen des jungen Mannes imponirte ihm, desto höher aber stieg sein Zorn.

„Monsieur Duhamel, wer ist dieser Mann, den Sie mir

da in's Haus zu bringen wagten?" wendete er sich in schlech=
tem Französisch an diesen.

Duhamel erschrak. Ihm ging ein Licht auf, daß sein
junger Freund irgend etwas verbrochen haben müsse. Er
schaute wieder bald Emil, bald Markland an.

„Ein Schurke, ein Betrüger ist er!" schrie Bredson, als
er sah, daß er Recht bekam.

Emil zog mit Ruhe seine Karte hervor und überreichte sie
Markland.

„Ein Freund der Familie dieses Herrn, dem ich aus Ar=
tigkeit als Dolmetscher diente!" sagte er mit Fassung. „Habe
ich gegen Miß Markland gestern gefehlt, indem ich ohne ihr
Wissen eine unschuldige Rolle an ihrer Seite übernahm, die
einem anderen ebenso Unschuldigen bestimmt war, so möge sie
mir verzeihen. Es geschah nur aus wahrem, innigem Inter=
esse für eine so reizende Dame, der mich in meiner wahren
Lebensstellung zu nahen ich den Muth nicht hatte, weil diese
mir zu unbedeutend erschien .. Ihnen, mein Herr," wandte
er sich zu Bredson, „stehe ich zu jeder Genugthuung bereit."

Damit überreichte er auch diesem seine Karte. Bredson
nahm sie verächtlich; er warf einen spöttischen Blick darauf.

„O! Monsieur le Baron de Eichsfeld!" buchstabirte er cor=
rigirend und laut auflachend. „Ein Baron, der sich als Ar=
beiter in fremde Häuser eindrängt! .. Onkel, hörst Du wohl?
Und, wie mir scheint, unter dem Mantel des Herrn da!"

Er deutete auf den ganz verdutzten Duhamel. Auch Mark=
land wandte sich jetzt, von der Karte aufschauend, mit eisiger
Kälte und Gemessenheit zu diesem. Dann machte er ihm plötz=
lich eine verabschiedende Verbeugung, raffte seine Papiere vom
Tische und setzte die vor ihm stehende Schelle in Bewegung.

„Unsere Geschäfte, Monsieur Duhamel, sind zu Ende!"
sagte er kalt in seinem schlechten Französisch ... „Sam,"
fügte er heiser hinzu, als dieser eben eintrat, „sage dem Herrn
Baron da —", er deutete verächtlich auf Emil, „er werde mich

verpflichten, wenn er sich über meine Schwelle bemühe! . . .
Komm, James, wir sprechen weiter!"

Damit nahm er Brebsons Arm, zog diesen mit sich fort
und verschwand in seine Zimmer.

XV.

„Vater!" . . .

Markland hörte nicht mehr die helle Stimme, die in dem=
selben Augenblicke durch den Salon drang.

Emil und der wie eine Marmorsäule dastehende Duhamel
wandten sich zur Seitenthüre, in welcher Lydia bereits während
der letzten Worte Marklands erschienen war und hinter welcher
so lange stehend sie zitternd Alles mit angehört hatte.

Sie schlug die Augen zu Boden, als sie sich den beiden
Herren allein gegenüber befand. Sie hörte nur, wie Duhamel,
außer sich vor Empörung über Emil, dem er offenbar das
Scheitern seines ganzen Geschäftes verdankte, diesen mit ver=
ächtlichem Blick messend, seine Mappe wieder unter den Arm
genommen und durch den Salon zur Thür hinausschritt.

Sie fühlte, sie sei nun allein mit dem jungen Manne,
der regungslos, beschämt und doch nicht ganz entmuthigt da=
stand, denn das Erscheinen des Mädchens tröstete ihn.

Sie wagte jetzt aufzublicken. Sie gab dem noch unschlüssig
wartend an der Thür stehenden Sam ein Zeichen, hinauszu=
gehen, und Sam folgte dem Befehle, wenn auch zaudernd, da
er gegen den seines Herrgott handelte.

Nichts war ihr entgangen von dem Gespräch; mit Erstau=
nen hatte sie an den wenigen Worten, die Emil sprach, er=
kannt, daß er ihrer Sprache vollkommen mächtig, aber sein
Ton, seine Miene, sein bescheidenes und dennoch resolutes Da=
stehen vor dem Vater hatten zugleich mit sympathischer Gewalt

auf das Mädchen gewirkt, und die rauhe, schonungslose Weise
des Letzteren, in der er ihm die Thür wies, die Nachsicht, mit
der er für Bredson Partei ergriff, wie er ihn mit sich zog,
um seine Anschuldigungen zu hören — all das rief Markland's
selbstwillige Tochter zur That auf.

Wie sie ihn jetzt dastehen sah, gewann ihm sein offenes
Bekenntniß, die Innigkeit und Wärme, mit welcher er die Mo-
tive seiner Handlungsweise bekannte, vollständige Absolution
in dem jungen, noch unsicheren Herzen, und was etwa an dieser noch fehlte, das legte des Vaters ihrem noch unabhängigen
Gefühle nach willkürliches Verfahren hinzu. So lange war
sie ihre eigene Herrin gewesen, so lange hatte sie sich ohne
seine persönliche Leitung in dem noch so wenig geprüften
Leben zurecht gefunden; heute war er plötzlich Richter, Tyrann
und im Interesse eines jungen Mannes, den sie um sich ge-
duldet, weil der Vater so nachsichtig gegen ihn, weil, wie es
ihr wohl zuweilen schon durchgeschienen, James Bredson, der
Vetter, eine stillschweigende, selbstverständliche Anwartschaft auf
ihre Hand haben sollte, eine Berechtigung, die ihr zu gleichgiltig, als daß sie schon darüber nachgedacht hätte.

Marklands Tochter schritt in das Zimmer, gefaßt, willens-
muthig, aber innerlich noch beschäftigt, den Eindruck des Ge-
hörten zu verwinden. Sie schaute jetzt auf, sie sah den jungen
Mann vor sich, wie das Blut seine Wangen färbte, während
es aus den ihrigen gewichen.

„Mein Herr," begann sie mit weniger sicherer Stimme,
als es ihr Entschluß bedingt hätte, „der Vater hat das Recht,
Ihnen und mir zu zürnen, mir vor Allem; Ihnen aber zu
verzeihen habe nur ich, da ich die thörichte Veranlasserin
war. Leider muß ich meine eigene Dienerin in Verdacht eines
Einverständnisses mit Ihnen nehmen. Ich kann Ihnen also
nur verzeihen, wenn dieser Verdacht beseitigt ist."

Lydia hatte mit zunehmender Festigkeit, aber zu Boden
gesenkten Augen gesprochen. Emil hörte mit Entzücken die

glückliche Wendung der Sache. Vor diesem Tribunal glaubte er bestehen zu können!

„Miß Markland!" rief er ermuthigt und mit steigender Wärme, „dieser Verdacht ist ungerecht! Ich allein bin der Schuldige! Hören Sie mich an, ich will Ihnen Alles bekennen, ohne mich selbst zu schonen."

Lydia strich mit dem feinen Spitzentuch über die Stirn. Sie war bereit, zu hören.

„Es giebt einen schönen, einen glücklichen Tag in meinem Leben, und das war derjenige, an welchem ich Sie erblickte, in dieser selben Robe, gerade so, wie ich Sie heute sehe, aber nicht so ernst, so zürnend — nein, heiter, froh, entzückend in Ihrer Freudigkeit. Das war auf der Wiese von St. Cloud! . . . Ich habe melancholische Stunden, in denen ich Naturschwärmer bin. In einer solchen lag ich im Gebüsch unter einer hohen Ulme. Plötzlich hörte ich freudige Mädchenstimmen, fast gleich= zeitig flog ein Ball in das Gebüsch, an den Fuß der Ulme, und gleich darauf sah ich zwei Feenarme sich durch das Ge= zweig strecken, sah ich eine Elfe mit himmlisch blauen Augen und goldglänzenden Locken durch die Zweige brechen und nach dem Ball suchen. In regungslosem Bewundern schaute ich zu. Da sah ich, wie — nicht ein Faun, der die flüchtige Elfe zu haschen suchte — nein, ein junger Mann, erhitzt, aufgeregt, mit sinnlich breiten Lippen, roh und ungeschlacht im Wesen, den Arm um meine Elfe legte, wie er sie umklammerte, sie an sich preßte, ihr einen Kuß rauben wollte. Vergebens sträubte sich mein Elfenkind und rief um Hilfe . . . (Lydia's Antlitz färbte sich glühend roth; sie fuhr beschämt wieder mit dem Spitzen= tuch über die Stirn.) Ich sprang auf; ich that, was ich allerdings gleich darauf bereute, was ich aber heute und immer wieder zu thun gezwungen sein würde . . ."

Emil schwieg.

„Sie waren es!" flüsterte es von Lydia's Lippen, während der Purpur in leichte Morgenröthe überging.

„Von dem Augenblick verließ mich der Gedanke an mein

Elfenkind nicht. Ich sah Sie, ich mußte Sie sehen, und doch wagte ich nicht, mich Ihnen zu nähern! Ich, ein armer deutscher Edelmann, kam mir zu unbedeutend vor, als ich hörte, wer meine Elfe sei. Da kam mir ein gnädiges Geschick zu Hilfe und ich ergriff mit Freuden die Hand, die es mir reichte. Der Wirth meines Hauses, in dessen Atelier ich meine Mußestunden — und ich habe nur solche — als Dilettant ausfüllte, bat mich, den Interpreten in seinen Geschäftsangelegenheiten mit Mr. Markland zu spielen. Ich erschien mit ihm hier unter der Maske eines simplen Arbeiters, denn unter dieser glaubte ich die Vergünstigung zu haben, in Ihrer Nähe zu sein, Ihre Luft zu athmen, zuweilen Ihre süße Stimme zu hören ...

„Sie sehen, ich war nicht unbescheiden, Miß Markland", fuhr Emil fort, als sie gedankenvoll noch immer schwieg, noch immer still zu Boden schaute und nur durch beklommenes Aufathmen verrieth, daß sie nicht theilnamlos. „So hörte ich denn gestern Morgen — Verzeihung, Miß Markland, für diese Indiscretion, denn ich saß allein hier, man ließ mich warten, und Ihre und Ihrer schönen Freundin Stimmen klangen so hell herüber — so hörte ich Ihre Verabredung, jenen Ball zu besuchen. Ich hörte, daß Ihre Kammerfrau Sie dem Schutz eines Arbeiters überantworten wollte, den Sie nicht kannten und der diese hohe Gunst mißbrauchen konnte.

„Auch ich beschloß, als Schutzgeist zur Stelle zu sein. Ich erkannte den Arbeiter an dem verabredeten Zeichen; ich sah ihn mit einigen Kameraden beim Absynth sitzen, sah in ihm einen rohen, von Trunksucht gezeichneten Menschen, der seinen Freunden prahlerisch erzählte, er habe einen großen Spaß vor, denn er sei hier, um ein Paar schöne, junge Amerikanerinnen zu chaperoniren."

„Meine Befürchtung war also gegründet. Ich trat zu ihm, ich sagte ihm eine Unwahrheit, ja! Ich brachte ihm die Nachricht von seiner Braut, die Damen würden nicht kommen, sie dagegen erwarte ihn in ihrem Kaffeehause. Er ging, und ich, für diesen Fall vorbereitet, legte dasselbe Erkennungszeichen an.

Nur auf Eins konnte ich nicht vorbereitet sein, auf die Mög=
lichkeit, daß der junge Mann, den Sie damals James nannten,
uns begegnen und Sie und mich erkennen werde . . . Ihre
Kammerfrau, Miß Markland, also ist unschuldig, ich aber lege
meine Schuld Ihrer Gnade zu Füßen und bitte, auch bei
Mister Markland meine Fürsprecherin zu sein."

Lydia zürnte schon längst nicht mehr, als er zu Ende.
Regungslos stand sie noch da, beschämt noch immer in dem
Gedanken an Evelinens unbesonnene Aeußerungen, die ihn
jetzt doch zum Richter über sie machten. Endlich schaute sie
langsam, verlegen auf. Sie reichte ihm ihre Hand, die er
haftiger, als die Galanterie es vorschrieb, und unbestritten an
seine Lippen führte.

„Ich habe Ihnen nichts zu verzeihen," sagte sie leise,
kaum vernehmbar, mit leichtem Beben der Stimme, während
ihre Brust in ihrer Unruhe die kleine blaue Schleife in Be=
wegung erhielt und sie gedankenlos ihre Hand noch in der des
jungen Mannes ließ. „Auch mir wird mein Vater verzeihen,
wenn er die Wahrheit hört. Nur James . . . O, ich kenne
ihn . . . er wird unversöhnlich sein! Nichts wird ihn zum
Schweigen bewegen; er wird Allen erzählen . . ."

Lydia barg das Antlitz im Taschentuch. Die Verlegenheit,
welche Bredson bereiten konnte, rechtfertigte es in der That
bis zu einem gewissen Grade, daß Beider Hände wie vergessen
noch in einander lagen, ohne sich gegenseitig etwas anzuthun.
Lydia fühlte, daß von dem Moment ab, wo sie Emil verzieh,
das freundschaftliche Verhältniß zu James zu Ende war, daß
sie in einem solchen zwischen Emil und James nur zu wählen
habe, und die Wahl war bereits entschieden. Sie hörte den
rachsüchtigen Menschen schon, wie er aller Welt erzählte, und
gaben die Sitten ihrer Heimat einem jungen Mädchen auch
manche Licenz, in dem Lichte, in welchem James mit seinem
Rachebedürfniß die Sache ohne Zweifel erzählte, war Nichts zu
retten.

Und Emil seinerseits, wie er dastand, die warme, zarte

Hand des Mädchens in der seinigen, das Auge auf der graziösen Gestalt ruhend, er war kaum eines klaren Gedankens mächtig; er dachte aber doch so lange, bis ihm endlich ein ganz glücklicher einfiel.

„So ist nur Eins möglich!" sagte er, einen Druck auf Lydias Hand wagend. „Nur Eins! Sie bewegen Mister Markland, mein Verbannungsurtheil zurückzunehmen und mir die Ehrenstelle eines Freundes in seinem Hause einzuräumen. Ich werde mich bestreben, ihrer würdig zu sein. So wird es möglich werden, alle Schuld auf mich zu werfen, der ich als Freund des Hauses Sie und Miß Eveline zu einem kleinen Ausflug in das Volksleben eingeladen, den uns Mister Bredson durch seine jähzornige Eifersuchts-Scene gestört . . . Wollen Sie, Miß Markland?"

„Ich will! . . . Ich will!" Emil fühlte, wie sie bei diesen Worten den Druck seiner Hand überrascht recht freudig erwiderte, ihm diese Hand dann aber, erschreckend über sich selbst, entzog . . . „Ja, so wird es am besten," setzte sie, sich tröstend, hinzu. „Aber jetzt gehen Sie! Ich höre Julie drüben, auch Eveline, der ich für ihre Treulosigkeit eigentlich schon meine Freundschaft gekündigt habe . . . Jetzt freilich muß ich ihr vergeben und auch sie instruiren . . . Adieu!" Sie reichte ihm noch einmal die Hand. „Verlassen Sie sich auf mich; mein Vater selbst soll Sie zu uns laden!"

Emil, mit jubelndem Herzen, wagte es, nachdem der erste Versuch so glücklich gelungen, noch einmal ihre Hand an seine Lippen zu drücken. Sie lächelte mit strafendem Blicke. Sie winkte ihm noch ein Adieu mit dem Taschentuch, und erst als sie verschwunden, taumelte auch er überglücklich, geblendet von Seligkeit, an Sam vorbei, der, ungeduldig auf seine Entfernung wartend, vor der Thür stand.

XVI.

Als Emil seine Wohnung erreichte und eben überglücklich im Zimmer umhertanzte, schnob Monsieur Duhamel in sein Zimmer herein. Er überhäufte ihn mit Vorwürfen, er verlangte zu wissen, durch welche Thorheit er sein Vertrauen mißbraucht und den Zorn Mister Marklands auf sich gelenkt, um ihm dadurch sein ganzes, so glänzendes Geschäft zu zerschlagen.

Emil packte ihn und schwenkte ihn im Zimmer herum. „Ich garantire Ihnen, Monsieur Duhamel, daß Mister Markland noch fünfzig Maschinen mehr bei Ihnen bestellt!" rief er endlich, ihm auf die Schulter schlagend. „Fortab bin ich der Freund des Hauses bei Mister Markland! Sie werden um meine Protection buhlen, die ich Ihnen hiermit zusage! Jetzt aber lassen Sie mich in Ruhe, denn ich habe heute keine Gedanken für Ihre Maschinen!"

Damit complimentirte er den armen Duhamel hinaus, und der trat zu seiner bestürzten Tochter, um ihr zu sagen: er ist verrückt, dieser Herr! . . . Der junge Mann ist närrisch geworden!

*　　　*　　　*

Wenige Tage darauf überbrachte Emil Herrn Duhamel das von Mister Markland in aller Form unterschriebene Duplikat des Lieferungsvertrages und wenige Wochen darauf erzählte Duhamel der kleinen Georgette wieder beim Frühstück, jetzt sei ihm jener ganze Auftritt bei Markland klar geworden. Dieser junge Mann, dieser Monsieur Eixfeld, dem er so blind vertraut, habe seine Geschäfte mit dem reichen Amerikaner nur als Gelegenheit und Vorwand benutzt, um der schönen Tochter des letzteren den Hof zu machen. Der Alte sei dahinter gekommen und habe ihm die Thür gewiesen, die Tochter aber habe ihn zur andern Thür wieder hereingeholt und jetzt sei die Sache erklärt, denn er sei soeben dem jungen Mann mit der schönen Amerikanerin Arm in Arm begegnet.

Georgette hauchte einen leisen Seufzer; sie hatte etwas der Art schon lange vermuthet.

James Bredson hatte nämlich inzwischen nichts versäumt, um Lydia bei der ganzen amerikanischen Colonie zu compromittiren, denn er kam nicht mehr in das Haus seines Oheims, seit dieser verhaßte Mensch in demselben ein= und ausgehen durfte.

Eveline hatte nichts Eiligeres zu thun, als der Freundin Alles brühwarm wieder zu erzählen. Lydia weinte deshalb täglich wohl eine ganze Stunde lang, wenn der Papa zu Hause war, und kein Tag verging, ohne daß sie ihm von Bredsons immer erneuten Bosheiten sprach, mit denen er es dahin gebracht, daß sie sich vor ihren Landsleuten nicht mehr sehen lassen dürfe.

„Well!" sagte Mister Markland eines Morgens ärgerlich, als Lydia wieder ganz untröstlich war, mit den Händen in den Hosentaschen am Fenster stehend. „So wollen wir der Sache ein Ende machen! Ich kann den jungen Mann wohl leiden, und wenn Du glaubst, daß Du mit ihm glücklich sein wirst, so nimm' ihn Dir, damit das Lamentiren aufhört!"

Das Zauberwort trocknete Miß Marklands Thränen. Sie sprang auf, sie warf sich an die breite Brust des Vaters, und als dieser sein Kind so selig sah, liefen aus den austernfarbigen Augen zwei helle Thränen bis tief, tief hinab in die rothblonden Bart=Cotelettes.

James Bredson reiste mit dem nächsten Schiffe von Havre ab, um die Geschichte auch drüben allen Denen zu erzählen, die sie hören wollten.

Freyhoff's Druckerei in Nauen.

Die Rothhemden.

Die Rothhemden.

Erzählung

von

Hans Wachenhusen.

Zweite Auflage.

Berlin.

Otto Janke.

Santo Gallubarde war unter großem Jubel der Bevölkerung in Messina eingezogen.

Der Leser wird diesen Heiligen nicht kennen, ihn auch vergeblich im Kalender suchen. Es war aber nichts desto weniger Giuseppe Garibaldi, im corrumpirten Volksdialekt jenes Littorale bald Gallubarde, bald Gali= barde und Galubalda, von den Witzblättern Pepe Garrubalbe, von den feineren Klassen, der Aristokratie und der Umgebung des Königs Franz II. Don Pepino genannt.

Das berühmte Tausend hatte bei Marsala den Fuß auf sicilianischen Boden gesetzt. Anschwellend durch die Zuzüge vom italienischen Festlande, die allnächtlich am Ufer erschienen, durch die Desertion aus der Armee des Königs (Re Bombino genannt, als der Sohn des „Re Bomba"), durch die sicilianische Jugend, die begeistert sich seinem Triumphzuge anschloß, lieferte die bunt zu= sammengewürfelte Schaar das heiße Treffen von Milazzo, das sie stark decimirte.

Achthundert Tapfere hatte dieser kühne Bajonnetan= griff gekostet, achthundert, unersetzbar durch den unge= schulten Zuwachs. Indeß, jenes heiße Treffen hatte die Königlichen bis nach Messina und von da über die Meerenge nach Calabrien verjagt. Die Insel war von des jungen Bombenkönigs Söldlingen gesäubert bis auf den einen festen Punkt, die Citadelle von Messina, in der sich die Garnison noch hielt, mürrisch und unlustig zu jeder Action von den Wällen auf die casacca rossa, die dreitausend rothen Blousen, hinabschauend, welche die Abhänge des Monte bei Capucini und das Ufer der Meerenge belebten.

Es war ein wilder, wüster Haufe, einer Schaar rother Ameisen ähnlich, die in Messina und am Ufer durcheinander kroch, ohne Disziplin, zusammengelaufen, aus Abenteurern aller Länder, großentheils aus Bettel= jugend bestehend, die wenigstens Sold und Brod zu finden glaubte, nur gehalten durch den sehr zusammen= geschrumpften Kern, einige tausend geschulte Männer, darunter Revolutions=Offiziere und Flüchtlinge aller Länder.

Manche von ihnen kämpften für das Princip, das sie mit der Autorität ihres Vaterlandes unversöhnlich überworfen; Andere waren dem Zuge ihrer Lands= knechtsnatur gefolgt, die sie überall dahin führte, wo es Beulen gab, noch Andere, namentlich Norditaliener, kämpf= ten für die Freiheit und Einigung ihres Vaterlandes. Das Gros bestand aus Gesindel, unter welchen nament= lich die krankhaft gelben, verkümmerten Troglodyten= Gesichter der Sicilianer einen oft widerwärtigen Ein= druck machten.

Bis an die Knöchel im heißen Meeressande watend, lagen die armen Bursche in ihren schon halb zerrissenen elenden Blousen am Meeresufer, sich von dem faulen Fleisch des Thunfisches ernährend, den sie selbst harpu= nirten, von den unreifen indischen Feigen, die auf Ar= meslänge über ihnen an den verdrießlichen grauen, zackigen Aesten des Cactus hingen, bis an den Hals im Wasser liegend, um sich vor der Sonnengluth zu schützen, vor Durst verschmachtend bei dem allgemeinen Mangel an Trinkwasser, da die Brunnen der beiden kleinen Dörfer Pontano grande und piccolo schon versiegt waren.

Freilich kreuzten noch die Kriegsschiffe des auf seinem Thron schlotternden Königs in der Meerenge und von der Insel sah man im Sonnenschein die Bajonnette der königlichen Uferbesatzung drüben auf dem calabrischen Strande blitzen. Die Mündungen der Geschütze auf den Schiffen streiften am Ufer daher, aber kein Schuß fiel auf die dreifarbige Fahne, die vom Leuchtthurm der Charybbis wehte.

Der König, der auf seine Marine, seinen Liebling, so stolz gewesen, hatte kaum noch Kapitäne finden können, die es unternehmen wollten, seine Schiffe in die Meer= enge zu manövriren, und die, welche es wagten, sie er= füllten nur träge, der Form wegen, ihre Instruktion und wagten weder tiefer in die Meerenge hinein zu steuern, noch nach Neapel zurückzukehren.

Wie lahme Enten steuerten die Schiffe in die Meer= enge hinein, vorsichtig Distance haltend, als der Diktator aus den königlichen Zeughäusern seine große Batterie am Fuß des Leuchtthurms etablirte und dem ersten passiren= den königlichen Schiff einige Kugeln in die Rippen sandte. Kein Schuß ward erwidert. Selbst das Hohngelächter der Garibaldini stachelte den Ehrgeiz der Kapitäne nicht.

Kein Wunder, wenn unter diesen Umständen Gari= baldi dieselben Erfolge drüben auf dem calabrischen Festland erwartete, mit dem er in engster Korrespondenz stand. Die Kreuzer liebten den Nachtdienst nicht, da sie bei Tage schon ihre Schuldigkeit versäumten, und sobald die Nacht sank, brachten also die calabrischen Fischer, den Schwertfischfang vorschützend, dem Diktator die Ver= sicherungen seiner Freunde drüben, daß Alles bereit sei zu seinem Empfange, daß man ihn mit Ungeduld er= warte.

Und Garibaldi, der während der letzten Zeit sein Hauptquartier auf dem unter dem Schutz der Batterie daliegenden Schiff hatte, Garibaldi sandte ohne wesent= liche Anfechtung jede Nacht ein halb Dutzend Böte mit seinen Ragazzi nach der calabrischen Küste hinüber!

1*

Oft hörte man bei solchen Gelegenheiten am cala=
brischen Ufer ein kurzes Gewehrknattern. Die einge=
schifften Ragazzi waren mit einer Patrouille der König=
lichen drüben zusammengerathen. Aber auch das hatte
wenig Bedeutung. Eine Stunde später loderte ein Feuer
auf der Höhe der calabrischen Berge — es war das
Zeichen, daß der Uebergang gelungen!

Die Küste drüben bevölkerte sich jede Nacht mehr
mit Garibaldianern, die gastlich Obdach, sogar enthu=
siastischen Empfang bei Denen fanden, die mit Sehn=
sucht auf die Uebrigen warteten und schon insgeheim
eine calabrische Legion formirten, um sich der Freiheits=
armee anzuschließen, und die Korrespondenz des Diktators
mit dem großen Comitato nazionale. dem Hauptrevo=
lutionscomité in Neapel, unterhielten, an dessen Spitze
kein Anderer als Liberio Romano, des Königs eigener
Minister, stand.

So sah es an der Meerenge von Messina aus um
die Zeit der Erzählung, welcher der Verfasser eine That=
sache zu Grunde gelegt.

Die französischen Messagerie = Dampfer waren die einzigen, die noch unter dem Schutz ihrer Nationalflagge den Verkehr zwischen Messina und dem Festland unter= hielten. Die Meerenge, sonst eine Straße nach dem Orient, die sehr belebt, war für den Handel verödet; nur die englischen Schiffe kamen, um den Garibaldianern theure Waffen und schlechten Callico für ihre Blousen gegen schönes, schweres Geld zuzuführen und als Rück= fracht von Catania unbesteuert den kostbaren Schwefel einzunehmen, den die Bourbonen so sorgfältig bewacht hatten.

Am frühen Morgen war einer dieser Messagerie= dampfer am Quai, an der „Marine" von Messina er= schienen, auf seinem Deck eine Anzahl von Passagieren, zumeist aus jungen Leuten der besseren Klasse bestehend, die, von Freiheitsdrang oder Abenteuer= und Thatenlust getrieben, dem Diktator ihre Dienste zu bieten kamen.

Die Passagiere des Dampfers also hatten nach stundenlangem Warten die Erlaubniß zum Ausschiffen erhalten und waren im Begriff, sich durch die Bogen= gänge des Palazzo della Citta in die Stadt zu zer= streuen, unter ihnen ein Greis von ehrwürdigem Aeußern, müde von Reise= und Seekrankheit, geführt von einem hübschen, etwa sechzehnjährigen Knaben, dessen Miene mit Besorgniß, sogar Furcht auf das kriegerische Gewühl des Quai blickte und der, ängstlich zurücktretend eine Kolonne von hochbepackten Maulthieren und Eseln vor=

überziehen ließ, die von rothblousigen, halb zerlumpten
Ragazzi mit einem Strick um den Leib, an dem ein
rostiges Bajonnet hing, unter lautem Geschrei über den
Quai getrieben wurde.

Ein schmutziger Lazzaro hatte sich des Gepäcks der
Beiden bemächtigt und schaute blödsinnig drein, während
die Fremden dastanden, denn selbst das so geschäftige
Institut der Facchino, dieser Tagediebe, die sich sonst
um die Effekten der Passagiere zu reißen pflegten, hatte
sich vom Quai längst zurückgezogen, da kein Geschäft
mehr für sie war, und überließ dasselbe den Armen,
die für ein paar Bajocchi den elenden Dienst noch ver=
sehen wollten.

Langsam zog die Proviantkolonne vorüber und jetzt
erst bewegte sich der Greis ermüdet vorwärts, unschlüs=
sig die Bogengänge des Palastes betrachtend, die zur
Stadt führten, und Rath in des eben so unschlüssigen
Knaben Antlitz suchend.

„Excellenza haben ein Quartier?" fragte der Facchino
unter den Effekten keuchend und neben sie tretend.

„Wir haben keins! Wir wollen in ein Hôtel!" ant=
wortete die helle Stimme des Knaben in geläufigem
Italienisch.

Der Facchino schaute sie betroffen und zweifelnd an.

„Impossibile!" rief er, sein graugelbes Troglodyten=
gesicht zu einer Grimasse verziehend. „Alle Locanden
sind von Militär bis auf das Dach angefüllt!" setzte
er in seinem sicilianischen Dialekt hinzu, den der Knabe
mehr aus seiner Miene als aus Sprachkenntniß verstand.

Der Letztere blieb rathlos stehen; er blickte den
Greis mit steigender Besorgniß an. Die Botschaft war
entmuthigend.

„Wo werden wir also ein Unterkommen finden,
Papa?" fragte er verlegen. „Ich selbst fürchte nach
dem, was wir hier sehen, daß der Mann nur allzu wahr
gesprochen! Sieh nur durch den Bogen da das Ge=
wühl in der Straße! Wie ein Obdach finden!"

Der Greis blickte traurig vor sich nieder, seine Hand zitterte, während er sich auf den Stab stützte.

„Wir müssen suchen!" sprach er vor sich hin. „Es wird ja eine Dachkammer für uns noch vorhanden sein."

Der Facchino hatte die Effecten auf das Pflaster gesetzt, denn er hatte nichts zu versäumen. Er erklärte es sei nutzlos in die Stadt zu gehen; besser sei es auf dem Schiff zu übernachten, da alles Suchen vergeblich sein werde. Er fügte die Erzählung der Abenteuer anderer Reisender hinzu.

„Unmöglich! Man würde uns auf dem Schiff nicht dulden! Zudem . . . wir haben Geschäfte hier!" rief der Knabe.

Der alte Herr blickte sorgenvoll fragend den Knaben an. Der italienischen Sprache nicht kundig, hatte er des Lazzaro, mit echt sicilianischer Gestikulation begleitete Erzählung nicht verstanden, nur das „impossibile" klang ihm noch verhängnißvoll im Ohr.

„Was sagte er?" war seine Frage.

„Zum Schiff zurückkehren räth uns der Mann! Aber das ist unmöglich, Papa! . . . Ich bin der Ansicht, wir gehen geradeswegs in die Stadt, wir verlassen uns auf einen günstigen Zufall, des Himmels Schutz! Du bist ja auch ermattet durch die lange Reise von Livorno nach hierher. Komm! Hier in dem Gewühl der Stadt ist der Zufall sicher der beste Führer, Papa; wir werden uns ja unterbringen, und sollten wir vorläufig eine Streu für Dich finden."

Der Alte schüttelte mißmuthig den Kopf. Seine ohnehin vergrämten Züge, die keinen Glücklichen verriethen, zeigten die vollkommenste Muthlosigkeit.

Dem Lazzarro schien die Sache gleichgültiger zu werden. Er überlegte, daß je länger man seiner bedürfe, desto größer seine Forderung sein werde.

„Du weißt, Papa, wir müssen suchen!" flüsterte der Knabe dem Greis zu. „Du weißt, was uns hierher geführt!"

Dieser richtete sich erschrocken auf. Die Muthlosigkeit schien ihn in Vergessen versenkt zu haben.

„Du hast Recht . . . . Wir müssen suchen . . . . Gott gebe uns Gelingen!"

Seine Stimme war fast lautlos, dennoch verstand ihn der Knabe. Ein Druck seiner Hand bestätigte es. Der Facchino saß noch immer ruhig auf den Effekten und kaute an einem halbvertrockneten Stückchen Wasser=melone, das er aus der Tasche gezogen.

Eben marschirte eine Kompagnie Ragazzi etwa dreißig Schritt vor ihnen vorüber, geführt von einem Kapitano mit riesig langem schwarzem Bart, und einigen Lieutenants, die, ihre Cigarretten rauchend, neben ihrem Zuge schlenderten. Ein Zug Aetna=Jäger in roman=haftem Kostüm folgten ihnen in kurzer Entfernung.

Sie sahen zerlumpt genug aus, die Ragazzi. Staub und Schweiß hatten die Blousen braungrau gefärbt; einzelne hingen den armen Burschen in Fetzen auf den Schultern; die Beinkleider waren von einer kaum noch zu unterscheidenden Farbe und die Stiefel oder Schuhe, je nachdem, schief getreten und aus den Näthen geplatzt. Die Flinten waren halb verrostet, zusammengestoppelt und =gelesen, ein Bajonnet ersetzte den Säbel.

Die Offiziere waren äußerlich in passablem Zu=stand und schienen den verschiedensten Nationen anzu=gehören; ihre Waffen waren ebenso ungleich, denn der eine trug den österreichischen, der andere den französischen Säbel; auf Aller Gesichter aber stand dasselbe: Hol's der Teufel!

Am schlimmsten aber sah's mit einem andern Zuge aus, der ihnen folgend eben durch den Palazzo kam und links ab auf die Marine schwenkte, ein Zug der sogenannten figli della libertà, der Söhne der Freiheit, eine Lumpenbande in grobem, schmutzigem Leinen, eine rothe englische Feldmütze mit weißem Kreuz auf dem Deckel über den kranken, gelben Fiebergesichtern, ver=hungert, verkommen, verloddert, abgemagerte und schwäch=

liche Gestalten; die Freiheit hätte sich schämen müssen,
wenn sie es der Mühe für werth hielt, sich diese ihre
Söhne zu betrachten.

Indessen, sie hießen einmal so. Ein Engländer,
Oberst Dunne, hatte sie organisirt, und trat niemals
unter sie, ohne den Revolver in der Hand zu haben.

Der Vorbeimarsch dieser Truppe hatte die ganze
Aufmerksamkeit des Greises und des Knaben in An=
spruch genommen. Mit Spannung waren beider Augen
auf die ungleichen Rotten gerichtet; der Knabe schien
angstvoll jedes einzelne Gesicht zu prüfen und Mühe zu
haben, alle in's Auge zu fassen. Des Greises Blick
hing müde, getäuscht an den rothen Blousen; er schien
sich auf des Knaben junge Sehkraft zu verlassen.

Muthlos blickte dieser ihnen nach, als sie vorüber
waren. Auch er schien getäuscht. Beschwichtigend legte
er indeß die Hand auf den Arm des Greises. Dann
erwachte noch einmal seine Aufmerksamkeit. Er sah
in einiger Entfernung, wie zwei andere Offiziere, von
denen der eine den kurzen Spahi=Burnus des garibaldi=
schen Generalstabs (von den französischen Offizieren im
nördlichen Afrika adoptirt) über der Blouse und einen
Pallasch im Arm trug, den langbärtigen Kapitano
während seines Marsches anredeten, wie beide mit dem=
selben, ihn einige Schritte begleitend, plauderten, ihn
dann verließen und langsam über die Marine daher
schritten.

„Es ist Zeit, Papa; wir müssen uns entschließen;
wir würden hier Aufsehen erregen," sagte der Knabe
halblaut zu dem Alten. „Es ist mir auch unheimlich,
hier so lange zu stehen; die übrigen Passagiere sind
längst in der Stadt."

„Wie Du willst! So versuchen wir unser Glück!"
Der Alte richtete sich mühselig auf. Sein gramgefurch=
tes Antlitz wandte sich zu dem Knaben, um aus dem
seinigen Muth zu schöpfen.

„Gehen wir!" rief der letztere dem dahockendem

Lazzaro zu. „Papa, stütze Dich auf meinen Arm, so
wirst Du Deine Müdigkeit weniger fühlen!"

Dabei wandte er das Gesicht ab, denn eben schritten
die beiden garibaldischen Offiziere vorüber, im Begriff
sich zu trennen, sich die Hände reichend.

Der ältere von ihnen, der mit dem Spahi-Burnus,
schritt zum Palazzo hinauf, der andre, ein schlank und
schmächtig hochgewachsener junger Mann, der mit einer
sichtbaren Koketterie die saubre Blouse trug und nach
Matrosenart ein schwarz seidenes Halstuch lose um den
Hals gelegt, trat an der Gruppe vorüber, hielt aber
plötzlich inne, als er des Knaben Stimme hörte.

Er blieb stehen, stützte die eine Hand auf die Säbel-
koppel, warf die Cigarrette fort und fixirte, die Augen-
lider zusammenkneifend, erst den Knaben, dann den
Greis. Ein fast malitiöses Lächeln erhellte sein schmales,
mageres, aber nicht unschönes Antlitz, das unmöglich
einem Italiener gehören konnte und den Abenteurer von
besserer Herkunft verrieth.

„Bei Gott, ich täusche mich nicht," murmelte er,
während seine Hand den langen, hellbraunen Schnurrbart drehte.

Schnell gefasst trat er heran, als eben der Knabe
seinen ermatteten Begleiter fortziehen wollte und sich
dabei verlegen abwandte, als wolle er den Facchino zur
Eile auffordern.

Ein verbindliches Lächeln auf dem Antlitz, legte er
die Hand an das Käppi.

„Verzeihen Sie der freudigen Ueberraschung, meine
Muttersprache zu hören, wenn ich es wage, mich Ihnen
als Landsmann vorzustellen," sagte er mit wohltönender,
einschmeichelnder Stimme, zu dem Greis gewendet. „Es
ist eine so seltene Freude, hier an diesem jetzt so öden
und ungastlichem Gestade die schönen Klänge aus der
Heimat zu hören. —

Der Greis schaute, sich aufrichtend, zu der schlanken
Gestalt hinauf. Es beschlich auch ihn, den Hülflosen,

so heimisch, die Muttersprache zu hören, und noch mehr als dies war's der Gedanke, vielleicht einen Rathgeber in seiner Lage gefunden zu haben, was ihm diese Begegnung willkommen machte.

„Ich bin Ihnen dankbar für Ihre Aufmerksamkeit, mein Herr," antwortete er mit vor Ueberraschung leicht bebender Stimme. „Wir befinden uns allerdings in einer Situation . . . fremd, ohne Anhalt, ohne Kenntniß der Stadt . . . in diesem Kriegsgewühl . . . Wir sind wohl etwas unvorsichtig gewesen, uns so unvorbereitet hier hinein zu wagen . . ."

„Ich glaubte dies zu bemerken!" Der Garibaldianer streifte jetzt auch den Knaben mit flüchtigem Blick, da dieser sich mit einer gewissen Scheu zurückhielt. „Ich wage nicht zu fragen, was Sie zu einer so unruhigen Zeit gerade hieher führen konnte. Die Stadt ist von den Unsrigen überfüllt; die wenige Gesellschaft, die in friedlichen Zeiten hier existirt, hat sich hinausgezogen, selbst die Consuln sind nicht in der Stadt, die ihren Landesangehörigen mit Rath zur Hand sein könnten . . ."

„O, das Alles zu fürchten, haben wir leider Ursache genug," unterbrach ihn der Greis. „Wollten Sie uns als Landsmann eine Güte erweisen, so würden wir Ihnen unendlich verpflichtet sein . . . Der Mann dort erklärt uns, es sei in der Stadt kein Obdach mehr zu haben, und räth uns, auf das Schiff zurückzukehren, was uns, selbst wenn es in unserm Interesse läge, doch kaum gestattet werden dürfte . . ."

Der Offizier blickte sinnend, mit lauernder Miene zu Boden und drehte sich den Schnurrbart. Nur der Knabe bemerkte, wie er dabei unter dem Schirm des Käppi den Greis doch heimlich firirte.

„So ist es allerdings! Zu meinem Bedauern muß ich das bestätigen. Die Hotels sind bis auf die elendeste Locanda überfüllt von Einquartirung; selbst das einer deutschen Familie gehörige Hotel Victoria, in dem man Sie aus Patriotismus sicher freudig aufnehmen würde, wenn es irgend möglich, ist bis unter das Dach von Offizieren in Anspruch genommen."

„So sind unsere Aussichten freilich die traurigsten!" Der Greis schaute vor sich nieder und senkte muthlos den Kopf.

„Wie ich auch überlege," fuhr der Offizier fort, „ich finde keinen Rath, so gern ich Ihnen hülfreich sein würde."

Ein höheres Roth legte sich plötzlich auf das von der Sonne Siciliens gefärbte Antlitz des Offiziers. Er schaute den Greis, dann den Knaben mit eigenthüm= lichem Ausdruck an und dann vor sich, um seine Miene zu verbergen.

„Hier auf dem heißen Pflaster der Marine können Sie nicht bleiben," sagte er zögernd und unschlüssig. „Sie sind ermüdet, wie ich sehe; die Seereise hat Sie angegriffen. Führte ich Sie vorläufig in ein Gast= zimmer, Sie würden auch dort keinen Platz finden, denn selbst diese sind von unseren Leuten in Anspruch ge= nommen. Sie sehen mich mit all meinem guten Willen, zu dienen, in großer Verlegenheit."

Der Knabe hatte mit gesenktem Haupt zugehört, ohne sich in das Gespräch zu mischen. Ein Seufzer verrieth seine Trostlosigkeit. Der Garibaldianer heftete jetzt das Auge mit demselben eigenthümlichen Ausdruck auf ihn.

„Es zeigt sich mir nur e i n Ausweg und ich fürchte mich fast, Ihnen diesen vorzuschlagen, obgleich er Ihnen ein Beweis meiner Dienstwilligkeit sein würde."

„Ich bitte!" Der Greis schaute ihn erwartungs= voll an.

„Mein e i g e n e s Quartier stelle ich Ihnen gern zu Diensten, denn ich selbst finde schon ein Unterkommen bei einem Kameraden oder draußen im Lager bei Pon= tano . . ."

„O, mein Herr!" Der Greis ward verlegen durch diese Liebenswürdigkeit. Der Knabe schien dieselbe zurück=

weifen zu wollen; er schaute fast mißmuthig den Alten
an und preßte seinen Arm.

„Es ist eben nur ein Obdach," fuhr der Offizier
fort, „nichts weiter, nicht viel besser als eine Dach=
kammer. Sie sehen also ein, daß mein Opfer von
keiner Bedeutung ist. Nehmen Sie es an, bis die
Möglichkeit vorhanden, Ihnen etwas Besseres zu schaffen.
Vielleicht leert sich auch die Stadt schon in einigen Tagen;
wir können nicht berechnen, wann der Uebergang nach
Calabrien stattfinden wird."

Den Greis schien bei dieser Nachricht eine neue
Unruhe zu befallen.

„Schon in einigen Tagen!" murmelte er vor sich hin.

„Mein Herr, wenn wir überzeugt sein dürften, daß
Ihr Opfer nicht größer, als Sie uns schildern .. "

„Ein Soldat braucht kein Dach über seinem Haupte,"
unterbrach ihn der Garibaldianer. „Wir schlafen hier
am Ufer der Meerenge ebenso süß wie in den Betten."

„Darf ich erfahren, wem ich eine so große Güte zu
danken habe? . . . Mein Name ist Werthmann . . ."

Der Offizier schien mit der Nennung des seinigen zu
zögern.

„Von Lubowitz," rief er . . . „Lieutenant von Lubo=
witz, früher in *schen Diensten, aber des faulen Garnison=
dienstes überdrüssig, seit Kurzem in der Armee des
Diktators, die," setzte er vornehm lächelnd hinzu, „aller=
dings noch viel zu wünschen übrig läßt und keineswegs
meinen Erwartungen entspricht, indeß ich habe hier die
gewünschte Thätigkeit gefunden . . . Doch, darf ich Sie
einladen mir jetzt zu folgen! Mein Dienst gestattet mir
einige freie Stunden, die ich zu meiner Freude in der
nützlichsten Weise auszufüllen Gelegenheit habe . . .
Alla croce bianca!" rief er dem Facchino zu, der von
dem Koffer aufsprang und mit einem „subito, signore!"
Anstalt machte, denselben auf den Rücken zu laden.

III.

Schweigend schritten alle Drei, der Knabe noch immer widerwillig, die Marine hinauf zu einem der in die Strada Ferdinanda führenden Gänge. Der Greis schien glücklich, ein Unterkommen gefunden zu haben, der Knabe schien weniger einverstanden, vielleicht weil die Jugend anspruchsvoller als das Alter und weil es ihn dünken wollte, als hätte man, wenn man nicht das erste beste Anerbieten acceptirt, wohl noch was Besseres finden können.

Auch der Garibaldianer war schweigsam geworden. Er war mit eigenen Gedanken beschäftigt und dankte selbst zerstreut den Grüßen einiger ihm begegnenden Kameraden, die er sogar möglichst zu vermeiden schien.

Der Greis seinerseits war in sich versunken. Es mochte ihm eine Frage auf der Zunge liegen, die er immer wieder zurückdrängte. Das ihn in der Haupt= stadt umwogende Gewühl von Rothblousen, von militäri= schen Transporten, das Geschrei der Verkäufer, das der Soldaten, die überall von den Balkonen herabhängenden Tricoloren, die Seltsamkeit der ganzen Umgebung — denn er sah zum ersten Male ein so abenteuerlich ge= färbtes Kriegsleben — Alles wirkte erdrückend auf ihn und der Knabe drängte sich ebenfalls enger an ihn, furchtsam die Berührung mit all den wilden Gestalten vermeidend und sichtbar in Besorgniß um die persönliche Sicherheit.

„Vater, ich wollte, wir wären schon unter Dach und Fach," flüsterte er diesem zu, als ihr Führer ihnen

voran, die lange Hauptstraße hinauf endlich in eine
enge, von penetrantem Geruch erfüllte Gasse trat, deren
Fenster mit schmutziger Wäsche und allerlei, nicht gerade
sauberen Wirthschaftsgegenständen behängt waren. „Es
wäre aber schrecklich, wenn wir gerade hier in dieser
Gasse . . .“ setzte er mit einem gewissen Ekel hinzu.

Der Garibaldianer wandte sich mitleidig lächelnd
zurück, als habe er des Knaben Worte gehört, und
sein Auge streifte dabei mißtrauisch das bleiche Antlitz
desselben.

„Wir sind gleich zur Stelle,“ sagte er. „Ich wieder=
hole nochmals mein Bedauern, Sie nicht besser logiren
zu können. Sobald wir abmarschirt sind, werden Sie
ja reichlich entschädigt werden.“

Er schritt voran. Beleidigender ward der Geruch,
zu dem sich noch der einer Garküche gesellte, aus deren
geöffneter Thür ein heißer Dampf herausdrang.

„Erschrecken Sie nicht, es ist die Küche unsres Hotels,“
wandte sich der Führer wieder zurück. Gleichzeitig zeigte
er auf das hohe, vor Jahren einst weißgetünchte Haus,
das sich mit zahllosen kleinen Fensterbalkonen in fünf
Stockwerken erhob. An den eisernen Brüstungen der
Balkone hingen Soldatenwäsche, Säbelkoppeln, rothe
Blousen, Gamaschen und hunderterlei Anderes, und
düster gähnten die offenen Fenster in die enge, halb=
dunkle Gasse. „Hier ist der Eingang,“ fuhr er fort,
in die schmutzige Thür tretend, über der mit schwarzen
halb verwischten Buchstaben die Firma „croce bianca“
stand.

Die Schwelle betretend, sahen die beiden Fremden
eine von Schmutz fast schwarz gefärbte Treppe vor sich,
die der Garibaldianer ihnen voran erstieg.

„Muth!“ flüsterte der alte Herr dem Knaben zu,
als dieser zögernd stehen bleiben wollte. „Wir suchen
nachher ein besseres, und Du weißt ja, wir müssen uns
eilen . . .“

Der Knabe legte, vor der Treppe stehend, seinen

Widerwillen beschwichtigend, die Hand auf die Brust und athmete mühsam auf.

„Geh nur voran!" antwortete er leise. „Kümmre Dich nicht um mich! Es ist ja nur der erste Eindruck, Vater!"

Damit war er diesem behülflich die abgeschliffene Treppe zu ersteigen, und den Blick von der ganzen Umgebung abwendend, kletterte er dem Alten nach vier steile, staub= und schmutzbedeckte Stiegen hinauf, auf denen ihnen die auf= und abeilenden Ragazzi begegneten, während aus den ganz oder halb geöffneten Thüren wilder Stimmenlärm und Gelächter herausschallte.

Oben im vierten Stock schritt der Führer auf eine morsche Thüre zu, die nur gutwillig noch in ihren Angeln hing und deren Schloß nur durch einige ver= bogene rostige Nägel an dem wurmstichigen Holze klapperte.

„Nummero achtundneunzig!" Der Garibaldianer stieß mit der Hand gegen die Thür.

Die beiden Fremden standen vor einem geweißten, einfenstrigen Zimmer, von dessen Wände und Decke die Tünche zum Theil schon abgefallen. Eine eiserne Bett= stelle, ein Stuhl, ein Tisch waren das ganze Mobiliar. Die Bettwäsche mochte seit Monden nicht gereinigt sein. Die Balkonthür stand geöffnet und gab einen Blick auf das Dach des kaum zehn Schritte gegenüber liegenden Hauses.

„Es wird für Sie genügen," wandte sich der Offizier zu dem alten Herrn, während der Facchino die Effekten hereintrug. „Ein Schelm bietet mehr als er hat ... Ihrem Herrn Sohn muß die kleine Kammer drüben am Ende des Ganges genügen ... Wollen Sie die Güte haben, mir zu folgen?"

Der Knabe erschrak sichtbar, als der Garibaldianer sich mit seiner Einladung an ihn richtete. Er fürchtete sich vor einer Antwort und schaute betroffen den Vater an.

„Ich komme mit Dir, ich muß doch wissen, wo Du

bleibſt!" ſagte dieſer mit gezwungenem Lächeln, während er die Hand des Knaben ergriff. „Jedenfalls wird's uns hier an friſcher Luft nicht mangeln!"

Er bezahlte den Facchino und folgte dann dem Knaben, der jetzt herzhaft auf den Gang getreten war. Dieſer war lang, bog um eine Ecke, dann wieder um eine andere. Endlich öffnete der Führer die hinfällige ſchwarze Thür einer Dachkammer, in die durch ein einziges, wahrſcheinlich ſeit lange in dem milden Klima nicht verſchloſſen geweſenes Fenſterchen das blaue Himmelslicht herein ſchien.

„Bis wir etwas Beſſeres für Sie haben," ſagte der Garibaldianer mit eigenthümlichem Lächeln zu dem Knaben, „muß Ihnen dies genügen. Mein Burſche wird die wenigen Effekten abholen, die uns zu beſitzen geſtattet iſt."

Er warf einen Blick auf das Fenſter, dann auf die Thür und trat hinaus, um den beiden Gäſten Raum zu laſſen, die lautlos auf den ſchmutzigen Strohſack und den lahmen Stuhl blickten.

„Sie werden ermüdet ſein," ſagte der Offizier. „Ich werde das Möglichſte thun, durch Verſprechung reicher Trinkgelder den Cammeriere zu veranlaſſen, daß er Sie die Armſeligkeit dieſes Obdachs wenigſtens durch reine Wäſche und was ſonſt an Bequemlichkeiten aufzutreiben iſt, vergeſſen mache. Wenn die Thüren und Fenſter auch nicht ſchließen, ſeien Sie unbeſorgt, man ſtiehlt hier nicht; man iſt gewohnt, bei offenen Thüren und Fenſtern zu ſchlafen . . . Sie geſtatten, daß ich am Nachmittage zurückkehre, um mich nach Ihrem Befinden zu erkundigen."

Werthmann hörte mit Unruhe den Wunſch des Offiziers, ſich zu entfernen. Er gab dem Knaben einen heimlichen Wink und folgte erſterem auf den Gang.

„Haben Sie nochmals meinen herzlichen Dank für all' Ihre Güte, die wir nur annehmen auf die Verſicherung, daß Sie nicht entbehren werden." Damit reichte er ihm die Hand, als wolle er ihn zurückhalten, als habe er noch Wichtiges auf dem Herzen. „Störe ich indeß Ihre Zeit nicht, so würde ich Sie bitten, mir noch einige Secunden . . .“

Er führte ihn zurück über den Gang in das vordere Zimmerchen und bat ihn, einzutreten.

„Sie begreifen, Herr von Lubowitz,“ begann er hier, während sein Antlitz sich wieder in grämliche Falten legte, „daß mich nur Interessen von Wichtigkeit hierher geführt haben, nicht eigentlich von Wichtigkeit für mich selbst, vielmehr für eine mir nahe stehende Person, in deren Auftrag ich von Livorno hierher reiste, wo ich mich auf einer Vergnügungsreise mit meinem Sohne befand, als mir die Meldung meines Freundes wurde . . .“

Er blicke verlegen vor sich nieder, während des Garibaldianers Auge mit verschlagenem Ausdruck minder lauernd auf ihm ruhte.

„Mein Freund,“ fuhr er fort, „schrieb mir nach Livorno, ich möchte hierher reisen, mich nach seinem Sohn zu erkundigen, den eine Verkettung unseliger Umstände hierher nach Sicilien in die Armee verschlagen. Er ist in Todesängsten um ihn, er beschwor mich, ihn aufzusuchen, da er selbst unfähig, diese Reise zu unternehmen, ihn in's Vaterhaus zurück zu führen, und so befinde ich mich denn hier, selbst alt und schwächlich, auf die Gefälligkeit der Kameraden des jungen Mannes angewiesen, wenn nicht der Zufall selbst mich ihn finden läßt. Sie, Herr von Lubowitz, der Sie mir unbekannterweise so viel Liebenswürdigkeit gezeigt, werden sicher den jungen Mann kennen, da er ein Deutscher ist . . .“

Lubowitz spielte scheinbar zerstreut mit den Zipfeln seines Halstuchs und beobachtete mit mehr Behagen als Theilnahme die Aufregung des alten Mannes, der diese so schlecht zu maskiren verstand. Sinnend blickte der Lieutenant zur Decke.

„Sie wissen, es ist mein Wunsch, Ihnen nützlich zu sein," sagte er langsam. „Leider war aber die nähere Bekanntschaft mit den Kameraden uns bisher oft erschwert. Die Schnelligkeit der Operationen, die eiligen Märsche, der täglich sich steigernde Zuzug, alles das ließ uns selbst mit unseren Landsleuten, deren so manche in dieser Armee dienen, nicht viel zusammentreffen."

Der alte Herr nickte traurig mit dem Kopf. „Freilich!" sprach er vor sich hin. „Ich begreife dies wohl! Indeß der Zufall konnte Sie mit diesem jungen Manne zusammengeführt haben. Sein Name ist Oscar von Lauenthal; er stand . . ."

„Lauenthal!" . . . Lubowitz legte nachdenkend die Hand an die Stirn. Werthmann's Auge hing an seinem Antlitz. „Ich erinnere mich in der That nicht! . . . . Sie wissen auch nicht, in welcher Legion er steht?"

Werthmann ließ getäuscht die Stirn sinken. Lubowitz beobachtete den Kummer, den seine Antwort ihm bereitete.

„Wie könnte ich das wissen!" sprach Werthmann vor sich hin. „Er hat vor acht Wochen erst den vaterländischen Dienst verlassen, ist hieher geeilt und das ist Alles, was man von ihm weiß."

„Wenig allerdings! Zu wenig, um einen Kameraden in diesem Wirrwarr zu finden . . . Es ist allerdings das Gros noch hier in der Stadt, doch liegen ganze Bataillone draußen an der Meerenge, einzelne Kompagnien sind noch im Innern der Insel, andere sind bereits heimlich Nachts hinüber in die calabrischen Berge geschafft worden und an Anfertigung einer Liste aller enrollirten Offiziere, namentlich der aus fremden Ländern herbeigeeilten, ist bis heute noch nicht zu denken gewesen, denn es herrscht der größte Mangel an brauchbaren Intendanturbeamten . . . Aber das ist kein Grund zum Verzagen," setzte er schneller hinzu. „Wollen Sie meiner Dienstwilligkeit vertrauen, wollen Sie es ganz mir überlassen den Gesuchten zu finden, so stelle ich sofort

2*

meine Nachforschungen bei den Kameraden an. Ich gehe
zum Generalstab, um zu fragen; ohne Zweifel wird doch
irgendwo und irgendwie Auskunft zu haben sein."

Werthmanns Antlitz klärte sich hoffnungsfreudig
auf. Er suchte die Hand des Lieutenants und preßte
sie in der seinigen. Dieser ließ es kalt und vornehm
geschehen.

„Gott selbst hat Sie uns in den Weg gesandt, Herr
von Lubowitz!" rief er enthusiastisch. „Ohne Sie würden
wir vergeblich suchen! ich vertraue ganz auf Ihre so
unendliche Güte, die Sie uns ja so großmüthig bewiesen!
Was hülfe mir unter solchen Umständen alles Suchen!
Ich lege freudig meine Mission in Ihre Hände!"

Lubowitz entfernte sich mit dem Ausdruck der Hoffnung, er werde noch am Nachmittag genügende Auskunft
bringen und froher im Herzen kehrte Werthmann zu dem
Knaben zurück.

Dieser saß, das lebhafte Auge umdüstert, die Stirn
in die Hand gestützt, über welche die dichten braunen
Locken herabfielen, auf dem morschen Stuhl. Die tiefste
Muthlosigkeit mußte sich seiner bemächtigt haben. Als
Werthmann herein trat, bedeckte er beide Augen mit
dem Taschentuch.

„Mein Gott, was ist Dir!" rief Werthmann ängstlich
zu ihm tretend und die Hand auf seine Schulter legend.
„Ich habe dem Herrn von Lubowitz die Ursache unsres
Hierseins ganz offen, denn sie ist ja kein Geheimniß,
erzählt. Er ist so überaus gefällig, daß er uns gewiß
auch hierin von größtem Nutzen sein wird."

„Ich hörte Euer Gespräch, ich wollte Dich nicht mit
ihm allein lassen und schlich den Gang hinab," antwortete der Knabe düster. „Du knüpfst große Hoffnungen
an das, was er Dir sagte?"

„Und warum nicht, Kind! Freilich mag es seine
Schwierigkeiten haben, wie er mir auch gestand, aber
wir müssen darauf rechnen, daß der Zufall uns helfe!
Du bist thöricht zu verzagen, weil uns dieser Zufall

anstatt des Herrn von Lubowitz nicht gleich im Hafen den Gesuchten entgegen führte. Bedenke doch, in diesem furchtbaren Wirrwarr!"

„Ich bin nicht so vertrauensvoll wie Du, Vater!" klang des Knaben Stimme recht trostlos. „Zudem, dieser Mann erscheint mir allzu gefällig, fast zudringlich mit seiner Dienstfertigkeit. Er hat auch etwas in seinem Gesicht, was mir nicht behagt. Du hast nicht bemerkt, wie lauernd er Dich und mich immer anschaute! Menschen von solchem Edelmuth, so aufopferndem Charakter, Vater, wie sollten die unter diese Leute hier kommen!"

„Und . . . Oskar?" fragte der Alte. „Ist nicht auch er unter ihnen? Weißt Du, wie wenig oft dazu gehört, um den besten Menschen aus der geraden Schnur seiner einmal eingeschlagenen Richtung zu bringen?"

„O, mit ihm ist es etwas Anderes!"

„Du bist so mißtrauisch und in Deinem Alter!"

„Ich meine, Vater, wir sollten uns lieber auf uns selbst als auf diesen Fremden verlassen."

„Ohne den wir obdachlos auf der Straße lägen."

„Er kennt uns nicht, und aus reiner Liebe zu seinen Landsleuten, denen den Rücken zu wenden er doch sicher triftige Gründe gehabt, uns hier sein Quartier anzubieten . . ."

„Mich dünkt, er wird wohl ein besseres für sich im Auge gehabt haben. Immerhin war es liebenswürdig von ihm und wir sind ihm Dank schuldig."

„Denke Dir, Vater, und wenn er nun . . . Ich erschrecke vor der Möglichkeit! . . ."

Der Knabe legte das Tuch wieder vor das bleiche Antlitz. Auch Werthmann erschrak, verjagte jedoch den von dem Knaben nicht ausgesprochenen Gedanken.

„Mach' Dir keine unnöthigen Sorgen!" rief er ungläubig lächelnd. „Ich habe ihn wohl beobachtet; es ist nicht daran zu denken."

„Du hast ihn beobachtet?"

„Natürlich! Aus Besorgniß, wie ich es immer thue, aber bis jetzt war noch keine Gefahr und nach der bis= herigen Erfahrung, selbst auf dem Schiff, ist dieselbe auch nicht zu befürchten."

Der Knabe schien einigermaßen beruhigt. Sinnend und mit einem Seufzer lehnte er wieder den Kopf in die Hand und starrte vor sich hin.

„Du solltest Dich ausruhen; wir sind Beide ermüdet. Unser Freund versprach, am Nachmittag wieder zu kom= men," mahnte Werthmann.

„Ich möcht' ihn nicht sehen, Vater! Empfange Du ihn!"

„Wenn Du willst, Kind. Aber ruhe Dich aus!"

„Es wäre Dir nothwendiger als mir! Zudem, wo willst Du, daß ich mich ausruhen soll! Sieh dieses Lager, diesen Schmutz!" Mit Abscheu wandte der Knabe sich fort.

„Du wirst mein Zimmer nehmen und mir dies hier überlassen. Ich finde mich schon mit meiner Reisedecke zurecht!"

„Unter keinen Umständen!" Der Knabe sprang auf. „Du weißt, Papa, wie leicht und froh ich die Müh= seligkeiten ertrage, immer in der freudigen Hoffnung, Oskar zu finden; Du aber bedarfst der Schonung."

Es entstand ein Streit, in welchem der Knabe den Sieg davon trug. Seufzend schritt der Vater den Gang hinauf.

Schweigend stand der Knabe, als des Vaters Tritte verhallt, in der halbdunklen Mansarde; das kindliche, große, hellbraune Auge hob sich trostlos gegen die niedere geschwärzte Decke, dann legten sich beide Hände wieder vor das krankhaft bleiche, von Ermüdung und innerer Thätigkeit abgespannte Antlitz. Er sank auf den Stuhl zurück.

„Welch eine Irrfahrt!" seufzte er. „Und wenn ich mir denke, daß Oskar in dieser Umgebung . . . Er, der bisher vom Glück so verwöhnt, dem Alles lachte, der nur zu erscheinen brauchte, um Aller Sympathien

gewiß zu sein! Und jetzt inmitten dieser aus aller Welt
zusammengeströmten Abenteurer, dieses Gesindels! Ist
es nur denkbar, daß ein junger Mann, der so empfindlich
durch Geburt und Erziehung, verwöhnt durch die Ge=
sellschaft, eine Existenz wie diese erträglich finden könnte,
daß er nicht zurück dächte an das, was er verloren, sich
nicht mit tausend Gewalten zurückgezogen fühlte zu dem,
was ihm, gerade ihm eine Bedingung der Existenz!
. . . Und dennoch schweigt er, würdigte er uns keines
Lebenszeichens, während er wissen mußte, wie viel
Thränen um ihn geweint worden!"

Seine Hände sanken gefaltet in den Schoß, sein
Knie sank auf die Brust; zwei Thränen stahlen sich durch
die gesenkten Wimpern.

„Und der arme, arme Vater, der sich seinetwillen
hierher schleppte!" flüsterten die Lippen. Die Ermattung
versenkte ihn in einen Halbschlummer, aus dem er nur
zuweilen furchtsam auffuhr, wenn der Lärm der Roth=
hemden aus dem engen Hofe oder den unteren Stock=
werken heraufdrang.

———

IV.

Lieutenant von Lubowitz war inzwischen in gehobener, übermütiger Laune, die Garibaldi=Hymne vor sich hin=summend, die steilen vier Treppen hinabgestiegen. Er kümmerte sich nicht um die Kameraden, die rauchend und Karten spielend bei geöffneten Thüren in ihren Zimmern saßen, schritt sogar eilig an diesen Thüren vorüber, erreichte die Gasse und stand einige Sekunden unschlüssig an der Mündung derselben in die Hauptstraße.

Endlich schnell seine Partie ergreifend, schritt er quer über die Straße in eine Osterie, um sein Frühstück ein=zunehmen, und drückte sich darnach, eine Flasche Marsala vor sich, in die dunkelste Ecke des weiten Gemachs, um nicht von den ab= und zugehenden Gästen gestört zu werden.

„Eine kapitale Idee des Zufalls, des Schicksals oder wie die große intriguante Gewalt heißen mag, die uns wie einen Federball in der Welt umherschleudert!" murmelte er vor sich hin, während er sich eine Cigarre drehte. „Ich hatte ihn nicht erkannt, wirklich nicht erkannt, diesen Ehren=Werthmann und den hübschen Burschen!" erzählte er sich selbst. „Nur aus Langeweile fiel es mir ein, als ich sie deutsch reden hörte und so rathlos in der Sonnengluth dastehen sah, zu ihnen zu treten und erst als ich ihn und das flotte Bürschchen erkannte, fiel mir der famose Gedanke ein, ihnen mein Quartier, diesen Hundestall, anzubieten, das mir ja ent=behrlich, seit mir der nach Calabrien abgegangene Kapitän sein Quartier zur Verfügung gestellt . . .

„Eine wirklich ganz tolle Laune des Schicksals, deren mein Einfall sicher ganz würdig war! Dieser Ehren=Werthmann muß mir hier in die Arme laufen; das Schicksal selbst führte ihn mir zu, und das soll bei Gott nicht umsonst geschehen sein! . . . Durch seine Bankier=Hände lief der unselige falsche Wechsel, den ich auf meinen Oheim ausgestellt, in der Ueberzeugung, daß dieser nicht das Herz habe, seine Drohungen einmal wahr zu machen und mich im Stiche zu lassen. Er ließ ihn bei dem Onkel präsentiren und übergab ihn dem Staatsanwalt . . . Vergebens suchte ich, zu ihm zu dringen, ihn anzuflehen, er solle mich nicht unglücklich machen. Man ließ mich nicht einmal vor. Vergebens bat ich um Eintritt bei dem Oheim, man schlug mir die Thür vor der Nase zu, und mir blieb nichts übrig, als meine Carriere im Stich zu lassen und mich aus dem Staube zu machen . . .“

„Er kennt mich nicht, dieser wackere Bankier, aber ich kenne ihn und den Burschen . . . Ob ich Beide kenne!“ lachte er höhnisch vor sich hin, „o diesen liebenswürdigen Burschen! . . . Ich habe mich wohl gehütet, ihm meinen wahren Namen zu nennen, und das ist gut nach zweierlei Richtungen. Erstens konnte ich mich ihm unbefangen nähern und zweitens . . . ja, zweitens! Darüber bin ich freilich noch nicht ganz im Klaren; aber Revanche muß ich haben und ich weiß auch, an wem von Beiden ich sie nehme! Der Alte hat mich unglücklich gemacht, denn mir stand nicht nur Carriere, sondern auch eine glänzende Partie zu Gebote; ich mache ihn wieder unglücklich. Es gilt nur, sie Beide nicht aus der Hand zu lassen. Sie sind hier beide wildfremd; in Zeit von vierundzwanzig Stunden muß ich mit ihnen fertig sein, denn morgen Nacht geht auch mein Zug nach Calabrien hinüber und dann mögen sie mich suchen . . . vergeblich suchen unter dem Namen Lubowitz! . . . Aber wie fang' ich's an? Was ich will, das weiß ich, und eine süßere Rache hat nie ein so herzlos in's Unglück Gestoßener

gefunden, wie ich sie nehmen will! Ich habe Zeit, der
Dienst beläftigt mich heute nicht; ich kann mich ganz
meinen neuen Freunden widmen ... Am Nachmittage
führ' ich sie überall hin, wo sie den guten Lauenthal
sicher nicht finden werden; am Abend werden sie von
der Promenade, die ich ihnen bereite, furchtbar ermüdet
sein ..."

Den Ellbogen auf den Tisch, die Stirn in die Hand
stützend, saß er da und blies den Qualm der Cigarette
in dicken, über den Tisch rollenden Wolken vor sich hin.

„Eine Idee! Eine brillante Idee!" rief er zum
Glase greifend und den trüben Wein die Kehle hinab=
schüttend. „Dinge, wie dieser Plan, sind auf der Insel
von den Königlichen und auch von den Unsrigen hundert=
fach verübt worden; es hat auch kein Hahn darnach
gekräht, und die beiden sind noch dazu fremd in der
Stadt, auf der ganzen Insel. Man kann sie nöthigen=
falls der Spionage verdächtigen, wenn der Alte Lärm
machen sollte, sie der Wuth des Volkes preisgeben; es
bedarf ja dazu nur eines einzigen Worts! ... Der
Lauenthal ist mir nicht gefährlich. Er liegt draußen
bei der Batterie, an der äußerften Spitze, am Faro; ift
vielleicht sogar schon über die Meerenge hinüber ..."

Das längliche, magere Gesicht des Lieutenants spannte
sich in Nerven und Muskeln mit leidenschaftlichem Spiel;
die Finger seiner linken Hand drehten unternehmend den
langen Schnurrbart und glitten über den Henri quatre
hinab; sein langgeschlitztes Auge kniff die Wimpern
zusammen und blinzelte boshaft vor sich hin. Er hob
das Käppi vom Scheitel, weil es ihm drunter zu warm
wurde, und fuhr sich mit der Hand über das kurz ge=
schnittene dunkle Haar.

„Mir kocht das Blut, wenn ich zurück denke an die
Schande, die entehrende Verfolgung, an die Grausamkeit
dieses Mannes, der mich so kaltblütig dem Elend, der
Schmach überliefern ließ, der meinen Namen, den meiner
ganzen Familie an den Pranger brachte! Herr Werth=

mann sei verreist, und sein Prokurist dürfe nicht anders handeln als geschehen, gab man mir zur Antwort, als ich noch einmal flehend in dem Vorzimmer stand, wie ein Schulbube, der um Erlaß der Strafe fleht! . . . Und die Schmach vor meinen Kameraden . . . ausgestoßen, wenn ich nicht eiligst selber ging, dem Kriminal=gericht überantwortet! . . . Die Pest über Alle, die herz=los genug sein konnten, um eines Jugendstreichs willen mich für mein ganzes Leben zum Landstreicher, zum Vagabunden zu machen!"

Er griff sich zur Brust, er bog und streckte sich, denn der Ingrimm zog seine Brustmuskeln krampfhaft zu=sammen. Er rang nach Athem und wieder stürzte er beschwichtigend ein volles Glas hinunter. Dann sank er in tiefes Hinbrüten.

„So wird es gehen," murmelte er mit auf die Brust gesunkenem Kinn endlich vor sich, während sein Auge unheimlich aufblitzte. . . . „Joseph, mein Schweizer, ein Hund von Janitscharen, er soll sich heut Abend unter die Posten auf der terra nuova mischen. Ein Schuß alarmirt in dem Dunkel die ganze Postenkette; man knallt hinüber und herüber, ohne zu wissen warum. In der Alarm=Kaserne, ganz in der Nähe glaubt man, wie jeden Abend, an einen Ausfall der Königlichen . . Joseph macht sich aus dem Staube; er bekommt von mir die genaueste Instruktion, deren Zweck er nicht errathen darf und über die ich allerdings mir selbst erst klar werden muß! . . . Gelingt Alles, so ziehe ich noch in der Nacht nach Pontano hinaus, schiffe mich als Freiwilliger an der Spitze eines Trupps mit ein nach Calabrien hinüber und das Uebrige ist mir gleichgiltig, denn sollten sie zu spät noch Hilfe finden, sind wir quitt, Herr Werthmann, und man wird vergeblich nach einem Lubowitz fragen . . . Basta!"

Lubowitz erhob sich, warf dem Kellner seine Zeche auf den Tisch und schritt auf die Straße hinaus, um seinen Plan im Freien fertig zu brüten.

———

V

Große Truppenzüge bewegten sich an diesem Tage durch Messina nach dem Faro. Es herrschte in den Straßen das wüsteste Durcheinander; Alles war in eine Staubwolke gehüllt. Betäubend war der Lärm, der Kommando=Ruf, das Gezeter der Treiber, das Geschrei der Esel und Maulthiere, welche die Munition, den dürftigen Proviant und namentlich das unentbehrliche Wasser trugen.

Man wußte in Messina genau, was in Neapel vor= ging; denn Alles war gegen König Franz mit Aus= nahme seiner Kreaturen; Alles konspirirte, fraternisirte mit der Revolution. Selbst die Priesterschaft und ein großer Theil der Armee.

Die Demonstrationen gegen das Königthum wurden in der Hauptstadt Neapel, am Fuße des Throns, an= gesichts des Königs, seiner Generale und seiner Polizei betrieben. Das comitato nazionale, das Revolutions= komite, war rastlos thätig, die Provinzen aufzuwiegeln. Seine Proklamationen wurden an den Ecken der Straßen und Plätze angeschlagen, die Gendarmen mißhandelt, welche sie entfernen wollten. Die Proklamationen des Königs wurden herabgerissen und mit Füßen getreten.

Im Café di Europa, am Eingang des Toledo, dem königlichen Schloß gegenüber, der eigentlichen Börse der Revolution, drängte sich jeden Abend Kopf an Kopf; man verlas laut und unter stürmischen „evviva" die „Bolletini", die Bulletins des Comitato; die National= garden, die Bürger, die Offiziere der im Golf zum Schutz ihrer Angehörigen liegenden fremden Kriegsschiffe, die höheren Beamten, die Priester, Alles saß, nachdem die Bulletins verlesen, bei der Granita oder Gelata, über die Siege Garibaldi's und die revolutionären Manifestationen der Provinzen sprechend.

Niemand nahm den Namen des Königs mehr in den Mund; man betrachtete ihn, als gar nicht mehr vorhanden, denn er konnte nicht einmal mehr einen neuen Minister finden und die ministerielle Krisis dauerte also fort.

Es ging eben Alles zu Ende. Die ganze National=garde stand auf Seiten der Revolution; sie verlangte, daß man ihr alle festen Plätze in und um Neapel über=gebe. Willigte der König ein, so war er ein Gefange=ner, willigte er nicht ein, so war er verloren. Schlimmer noch war's mit seiner Armee. Dieselbe ging einer voll=ständigen Demoralisation, ja sogar ihrer Auflösung ent=gegen.

Sie stand draußen bei Salerno. Rief er sie herein. so gab's ein Blutvergießen und der ganze Pöbel der Stadt, dessen entsetzliche Excesse Neapel durch die be=rüchtige Camorra schon oft erlebt, warf sich wie eine Heerde von Tigern über die Bevölkerung, um im Namen und an der Hand der Armee Alles zu plündern, denn auch die sicilianischen Truppen hatten sich ja nur der Plünderung, nicht des Königs wegen noch geschlagen Ließ er die Armee draußen, so loderte die Revolution in der Basilicata auf, zu deren Niederhaltung sie dort stand. Dazu kamen massenhafte Desertionen, über welche die Generale dem König täglich die trostlosesten Be=richte sandten, während auf den im Golf liegenden königlichen Schiffen offene Meuterei herrschte, denn die Mannschaft ließ die Schiffe nicht aus dem Golf, wenn die Kapitäne mit versiegelten, erst draußen auf offener See zu öffnenden Instruktionen hinaussteuern wollten.

Der König selbst begab sich in seiner Angst an Bord der Schiffe, um die Mannschaft zu beruhigen, aber ohne Erfolg Die Marine steckte zuerst die Fahne der Empörung auf; sie versagte den Gehorsam. Kein Schiff folgte ihm bekanntlich später nach Gaëta, während von den Landtruppen ihn nur fünfundvierzigtausend Mann, zum großen Theil auch unzuverlässig, begleiteten.

Und Liborio Romano, der Minister, leitete ein unthätiges Ministerium, das für nichts die Verantwortung tragen wollte, nur zum Schein bestehend, während Romano die Revolution organisirte und bewaffnete. Dabei drohte das Gespenst der santa fede, der blutigen Pöbelherrschaft, das Neapel schon mehrmals verwüstet, und in den Provinzen proklamirte sich eine provisorische Regierung nach der andern. Für die sacra real maësta wollte Niemand einen Bajoccho mehr geben!

Endlich kam die Nachricht, daß die nach Terno und Salerno gezogenen Truppen bataillonsweise zu den Insurgenten übergingen, die der Ankunft Garibaldi's harrten, daß nur die drei Fremdenbataillone, die Schweizer, noch aushielten, daß diese aber keine Lust hätten, die Kastanien aus dem Feuer zu holen, seit sich die Freudenbotschaft verbreitete, Garibaldi sei mit mehreren Schiffen bei Mondragone vor dem Golf von Neapel erschienen, er wolle Neapel in den Rücken fallen, während einer seiner Generale das Lager von Salerno angreifen werde.

So entschloß sich Franz II. zu dem letzten demüthigendsten Schritt, zur Flucht. Er ließ die Capi der Nationalgarde kommen; er sagte zu ihnen in spöttischem Ton: „Unser und Euer Freund Garibaldi ist in der Nähe der Hauptstadt; ich überlasse Euch sechs Jägerbataillone zur Aufrechthaltung der Ruhe und gehe nach Gaëta!"

„Il Re parte!" Der König reist! hieß es in der Stadt. Niemand kümmerte sich darum oder fragte, ob er schon gereist, wann er reisen werde. Man riß, während er sich noch im Palazzo reale befand, seine Wappen herab, zerschlug die steinernen Schilder. Der Erzähler selbst sah Offiziere in königlicher Uniform diese Schilder hoch am Portal mit der Axt zerschlagen, er war aber auch in der Deutschen Buchhandlung in der dem Palast gegenüber liegenden Foresteria zugegen, als die Königin, bekanntlich Deutsche, am Morgen des Tages ihrer Flucht einen Lakaien sandte und bitten ließ, man möge ihr „recht was Scherzhaftes" senden — und man sandte ihr Rabener's „Knallerbsen oder du sollst und mußt lachen"

Sie allein hatten den Humor in dieser jammer=vollen Komödie nicht verloren, aber auch nicht die Courage, die sie bald darauf in Gaëta zu zeigen Ge=legenheit hatte.

In der Nacht fuhr ein Dampfer, still und unbe=merkt, vorüber an der Villa reale durch den Golf. Er trug die „Maësta ecclissata", die eklipsirte Majestät, hinter die Wälle von Gaëta.

VI

So weit war's in Messina noch nicht an dem Tage, von welchem die Rede; aber der Diktator beeilte schon den Uebergang. Man drängte ihn von Neapel aus, sich zu sputen, da Alles mit Ungeduld auf ihn warte und sein Marsch nach der Hauptstadt ein einziger Triumph= zug sein werde.

Von den wenigen königlichen Schiffen in der Strebba, der Meerenge, war nichts zu fürchten; sie kreuzten Nachts vor dem Eingange und kümmerten sich absichtlich nicht um das, was zwischen den Ufern vorging, und von den Truppen am calabrischen Ufer, die von der Scylla bis Reggio standen, war wenig Kampflust zu erwarten. Es handelte sich somit nach den allnächtlichen Einzelüber= gängen in Böten nur um Embarkirung der Mannschaften auf den größeren Dampfern, die, dem König abgenom= men, vor Messina lagen.

Die Bataillone der Rothhemden wurden also am Ufer zusammengezogen, voran die Jäger: die Alpenjäger mit rothen Blousen und grünen Aufschlägen, das Wald= horn an der Mütze, eine hübsche, verwegene Truppe, die viel besseren, sogar edleren Stoff in sich barg; trotzige sonnverbrannte Gesichter, schöne Gestalten, namentlich unter den Offizieren, deren zum Theil verwilderte Eleganz sie als Söhne guter Familien kennzeichnete. Nur die wohlhabenderen unter ihnen trugen die Büchse, die Offiziere trieben sogar Luxus mit kostbaren Revolvern, Dolchen 2c.

Nicht minder poetisch war das Kostüm der Aetna= Jäger mit wallendem schwarzem Federbusch auf dem

Calabreſer, die Offiziere mit dem kurzen, weißen Spahi=
Burnus des Generalſtabs. Damit aber war die Poeſie
dieſer Truppe erſchöpft. Das Gros, zerlumptes Geſindel
mit verroſteten Waffen, zerſetzten Blouſen, folgte auf
dem Marſch zum Ufer hinab, Kanonenfutter für eine
disciplinirte, gut geſchulte Armee, namentlich die den
Schluß der Kolonne bildenden Figli della Libertà,
palermitaniſche Krüppelgeſtalten in ihren rothen eng=
liſchen, auf dem Kopf weiß gekreuzten Calico=Mützen,
in grauen Jacken und Hoſen, baarfüßig, als Waffe
zum Theil nur das am Strick um den Leib hängende
roſtige Bajonnet

Das war die ſtolze Armee, wenigſtens ein Theil
von ihr, auf welche die Augen der von ihren Thaten
überraſchten ganzen Welt gerichtet waren!

In höchſter Spannung, jeden einzelnen der vorüber=
marſchirenden Offiziere ängſtlich muſternd, ſtanden an
der Ecke und im Schatten des palazzo reale der Bankier
Werthmann und ſein Sohn, letzterer den Arm auf dem
des Vaters, mit raſtloſem Blick die Truppe muſternd
und traurig den Kopf ſenkend, als die Kolonne vorüber
und der Troß ſich ihr nachwälzte.

„Ich fürchte ſelbſt, unſer Suchen wird vergebens
ſein!“ Damit wandte ſich Werthmann zu dem bleichen,
ganz entmuthigten Knaben, deſſen feuchtes Auge theil=
nahmslos dem Lärm der Transportkolonne zuſchaute.
„Es wird am beſten ſein, wir kehren zurück und erwarten
unſren Freund, der ſicher ſchon Nachrichten eingezogen.
Es wäre unverantwortlich, ihn zu verfehlen. Du ſiehſt,
er ſprach die Wahrheit, als er uns ſagte, die Stadt
hier werde ſehr bald geräumt ſein, und dann iſt keine
Hoffnung mehr für uns.“

Der Knabe ſchüttelte traurig den Kopf und ſchien
an den Platz gefeſſelt. Vor ſich niederſchauend ſtand
er da.

„Du biſt thöricht mit Deinem Mißtrauen gegen
dieſen Mann,“ fuhr der Vater unmuthig fort. „Wir in

einer Lage, die wirklich eine bedauernswerthe ist, wenn
sich nicht Jemand in diesem Gewühl unserer annimmt,
wir müssen Gott danken wenn wir noch eine barm=
herzige Seele finden! Morgen, übermorgen können die
Truppen die Stadt schon geräumt haben, und was dann?
Sollen, können wir ihnen durch Calabrien nachziehen,
und selbst wenn wir alle die Mühsale und Gefahren
nicht scheuten, ist die Möglichkeit nur denkbar, auf diesem
Marsch durch die Gebirge, immer den Truppen nach=
ziehend, den Gesuchten zu finden? . . . Und wenn nun
Gefechte vorfallen, was ja täglich drüben zu erwarten
ist, wenn Oskar gar . . ."

Er wagte nicht auszusprechen, was er fürchtete. Ein
leichtes Beben in seinem Arm sagte ihm, daß der Knabe
ihn verstanden.

„Nein, nein!" rief dieser halblaut „Höre nicht auf
mich, Vater! Ich mag ja unvernünftig sein! Thu',
was Du für rathsam hältst, und weißt Du kein anderes
Mittel, keine andere Hilfe! . . ."

„Andere Hilfe! . . . Wüßt' ich sie! Ich würde
ja nichts unversucht lassen! Aber hier hat, wie Du siehst,
Niemand auch nur die Zeit, uns anzuhören! . . . Du
sahst, wir waren auf Deinen Wunsch drinnen im Hause,
um uns dem Gewaltigen, dem Diktator selbst vorzu=
stellen. Man hat es nicht einmal der Mühe werth
gehalten, uns anzuhören. Der Diktator sei draußen
auf dem Schiff, hieß es; er sei für seine Offiziere nicht
einmal zugänglich. Man ließ uns stehen, schob uns endlich
mit kaum der nothwendigsten Rücksicht hinaus und da
stehen wir wieder auf dem Pflaster!"

„Komm', Vater!" Der Knabe legte den Arm wieder
in den seines Vaters und zog ihn mit sich die Haupt=
straße hinauf, gegen den Strom der Masse, deren be=
täubendes Geschrei, Gewirr und Gedränge sie nur mühsam
vorwärts kommen ließ.

Der Nachmittag neigte sich bereits zum Abend. Etwa
zwanzig Uhr war es bei dem Sicilianer, der seine
Stunden nach der Sonne rechnet und mit ihrem Nieder=

gang vierundzwanzig zählt. Und die Sonne sinkt schnell hier; fast ohne dämmernden Uebergang umfängt plötzlich Alles die Dunkelheit.

„Mir graut, Vater, wenn ich an die Nacht denke,“ sprach der Knabe, während beide schneller dahinschritten, als die Straße sich leerte. „Es ist so unheimlich oben in unserm Quartier; ich fühle gar keine Ermüdung mehr; ich werde deßhalb an Deinem Bette wachen, denn Du bedarfst der Ruhe . . . Vielleicht bringt dieser Mann uns noch günstige Nachricht.“

„Gott gebe es! Du aber wirst Dir den Schlummer nicht entziehen. Du wirst krank werden; Du siehst schon jetzt so bleich und abgemattet aus.“

„O, fürchte nichts! Ich bin stark genug . . . Aber denke Dir, Vater, wenn uns dieser Herr von Lubowitz im Stiche ließe! So sehr ich mich dagegen sträubte, ihm ganz zu vertrauen, ebenso ängstlich macht mich jetzt der Gedanke, daß er vielleicht durch den Dienst behindert, daß auch er mit fortmarschirt! . . . Es ist zu traurig, hier vielleicht ganz in Oskars Nähe zu sein und ihn dennoch vergeblich zu suchen!“

Werthmann preßte eben schnell den Arm des Knaben an sich. Er richtete sich auf; sein Auge haftete an einer Soldatengestalt, die, den Säbel unter dem Arm, das Käppi verwegen zur Seite gerückt, vor der Gasse des croce bianca auf= und niederschritt und in Gedanken versunken sich wenig um die Aquajuoli, die Wasserträger, kümmerte, die neben ihm ihre Esel mit Schläuchen und Fässern beluden.

„Er ist da!“ flüsterte der Alte. „Siehst Du, er ist prompt. Wir haben ihn unartigerweise schon auf uns warten lassen.“

Der Knabe fuhr zusammen. Sein Antlitz, vom Marsch ein wenig geröthet, entfärbte sich wieder. Die Abneigung gegen diesen Mann schnürte ihm die Brust; er schöpfte tief Athem. Schweigend ließ er sich von dem Vater vorwärts ziehen und unwillkürlich drückte er

3*

den weichen Filzhut tiefer über die Stirn, als Lubowitz,
Beide gewahrend, ihnen mit verbindlicher Miene ent=
gegenkam.

Jetzt erst blickte ihm der Knabe mit entschlossenem
Ausdruck ins Gesicht, als wolle er auf demselben lesen,
was für Nachricht Jener bringe.

Werthmann eilte auf ihn zu, schüttelte ihm die
Hand und bat um Verzeihung, daß er ihn habe warten
lassen.

„Um Ihnen die Wahrheit zu gestehen,“ fuhr er
fort, „wir waren im Palais des Diktators. Die Be=
sorgniß, daß auch Sie vielleicht Marschordre erhalten
haben könnten, wo wir Alles zur Stadt hinaus ziehen
sahen, trieb uns zu diesem Schritt.“

Lubowitz’ Antlitz verfinsterte sich. Unwillig musterte
er Werthmann.

„Sie vergeben es unserer Angst,“ fuhr dieser bittend
fort. „Leider aber wurden wir nicht angenommen,
da . . .“

„Ich hatte Sie darauf vorbereitet, daß dergleichen
Bemühungen vergeblich sein würden!“ Lubowitz schien
sehr verdrossen und vermied den Blick Werthmann’s.

„Ja, ja! Sie hatten Recht!“ sagte dieser verlegen . . .
„Aber Sie, Herr von Lubowitz, sind Ihre Nachforschungen
von Erfolg gewesen?“ Mit Spannung heftete er das
Auge auf des Lieutenants Gesicht, das sich erst langsam
wieder aufklärte.

„Wenigstens nicht ganz ohne Erfolg,“ antwortete er,
noch nicht ganz versöhnt.

„Sie haben ihn gesehen?“ Werthmann legte bebend
die Hand auf seinen Arm.

„Das nicht, aber ich habe gehört von ihm.“

„Sprechen Sie! Spannen Sie uns nicht auf die
Folter!“

Lubowitz ließ seinen Blick über die Beiden gleiten,
als sei er erstaunt über die Aufregung, mit welcher
Werthmann nach dem Sohn eines Anderen fragte.

„Herr von Lauenthal ist seit einigen Tagen im Stab beschäftigt und das erklärt mir, warum er uns gewöhnlichen, weniger bevorzugten Offizieren nicht näher bekannt geworden!"

„Im Stab! . . . Aber so hätte man uns doch im Hause des Diktators sagen können . "

„Das heißt, er verrichtet Adjutantendienste bei einem der Generäle."

„Und wo ist er? . . . Hier in der Stadt? Ich beschwöre Sie, führen Sie uns zu ihm."

Lubowitz fixirte den Knaben, der schweigsam und bleich dastand, auch nicht aufzuschauen wagte. Er lächelte über die Ungeduld Werthmann's.

„Um so schwerer," sagte er langsam, „ist es für uns, seiner sofort und gerade in diesem unruhigen Moment habhaft zu werden. Sein Dienst hat ihn, wie ich höre, zum calabrischen Ufer hinüber geführt."

Der Knabe erschrak heftig und unterdrückte nur mühsam einen Ausruf. Werthmann starrte den Lieutenant erschreckt an.

„Nach Calabrien!" wiederholte er „So ist er für uns hier verloren."

„Keineswegs!" lächelte Lubowitz. „Er trägt nur Befehle hinüber, und das konnte nur im Dunkel der Nacht geschehen. In einigen Tagen wird er zurück erwartet, vielleicht schon morgen."

Beide athmeten auf.

„Nachdem ich Sie beruhigt, gestatten Sie mir, Ihnen anzudeuten, daß wir hier beobachtet werden. Es giebt wenig Fremde in der Stadt, und diese werden mit Argwohn betrachtet . . ." Lubowitz bewegte sich mit ihnen in die Gasse zurück. „Ich habe Ihnen noch mitzutheilen," fuhr er hier fort, „daß Sie soeben ein besseres Quartier erhalten. Das Gasthaus hat sich bedeutend geleert; die Truppen werden draußen lagern. Meine Abtheilung wird, wie mir der Colonel melden ließ, zur Deckung des Ueberganges und zum Schutze der Stadt gegen

einen Ausfall aus der Citadelle noch hier zurück=
bleiben."

„So ist wirklich Gefahr zu besorgen?" fragte Werth=
mann ängstlich.

Lubowitz lächelte wieder.

„Kaum!" antwortete er. „Aber im Kriege ist das
Unwahrscheinliche zuweilen das Wahrscheinlichste. Seien
Sie übrigens ohne Furcht! Sollte etwas passiren, so
stehen Sie unter meinem Schutz. Sie wohnen freilich
der terra nuova, dem neutralen Terrain, ziemlich nahe,
aber wie gesagt, sollte etwas geschehen, so sende ich Ihnen
meinen Burschen, der ja heute mein Gepäck abgeholt,
Sie kennen ihn! Vertrauen Sie sich ihm an, wenn ich
verhindert sein sollte, Sie in Sicherheit zu führen."

Werthmann wußte nicht Dank genug für so viel
Freundlichkeit. Inzwischen schien Lubowitz unruhig zu
werden; er wollte selbst in der engen Gasse nicht mit
den Fremden gesehen werden.

„Mein Dienst ruft mich für diesen Abend ab. Ich
bedaure, denselben nicht in Ihrer liebenswürdigen Ge=
sellschaft verbringen zu können," sagte er mit einer
kurzen Verbeugung. „Hoffentlich gestatten Sie mir
morgen, Ihnen angenehme Nachrichten zu bringen."

Dem Knaben war's offenbar erwünscht, als Lubowitz
sich höflich verabschiedete. Er schaute ihm lange nach,
als er die Straße hinab schritt.

„Seltsam, Vater," sagte er vor sich niederschauend,
„das Gesicht dieses Mannes ist mir nicht unbekannt,
aber vergebens suche ich in meinem Gedächtniß . . ."

„Laß' das, Kind! Er hat uns frohe Nachricht ge=
bracht," tröstete Werthmann, „und heute zum ersten
Mal seit Wochen werde ich mich mit Ruhe schlafen
legen . . . Ich fühle wirklich das Bedürfniß . . . Komm',
laß' uns in das Gasthaus zurückgehen. Es hat sich
heute Nachmittag bedeutend geleert, der Lärm der Sol=
daten ist ganz verstummt; sie lagern, wie es scheint,
alle draußen an der Meerenge und wir werden wenig=

stens die Möglichkeit finden, uns ein erträgliches Lager
und ein passables Nachtmahl bereiten zu lassen."

„Wenn nur Oskar drüben kein Unglück widerfährt,
Vater! Ich ängstige mich fast noch mehr, seit ich weiß,
daß er drüben mitten unter den Feinden ist!"

Beide traten in das croce bianca zurück, in welchem
wirklich auffallende Stille eingetreten. Die Rothhemden
waren am Nachmittage mit Sack und Pack — wenn
sie etwas der Art besaßen — abgezogen. Nur in den
langen, halb dunklen Gängen, in welche der schnell sinkende
Abend schon seinen Schatten warf, herrschte noch der=
selbe unvertilgbare Knoblauchsgeruch. Die kleinen schmalen
Zimmer mit den geweißten Wänden, die kaum für Bett,
Tisch und Stuhl Raum boten, standen geöffnet, wie die
Mannschaften sie verlassen; der überall lagernde Schmutz
gab wenig Aussicht auf den von Werthmann gehofften
Komfort.

Inzwischen trat ihnen der Cameriere, ein schmutziger
Bursche mit ungekämmtem Haar und einem Gesicht, das
vielleicht noch nie die Seife gesehen, entgegen, um ihnen
zu melden, daß der Herr Lieutenant zwei andre Zimmer
für sie ausgesucht, die unverzüglich in Stand gesetzt
werden sollten, die aber wegen der Unmöglichkeit, die
übrigen so schnell in Ordnung zu bringen, getrennt an
den beiden Enden des Korridors gelegen.

VII

Tiefschwarz lag die Nacht über der Meerenge, über der Stadt und der Citadelle. Kein Stern glänzte am Himmel, wie wolkenlos derselbe in dem dunklen Blau des Südens über Land und Meer sich auch ausbreitete.

Die Berghöhen auf beiden Ufern zeichneten sich in düstern Konturen am Firmament ab; das Wasser der Strebba wälzte sich langsam und in düstrem Grau die gewohnte Straße. Kein Licht erhellte das Ufer der Insel, auf dem Tausende von dunklen Gestalten sich im Meeressand bewegten; selbst auf den zahlreichen Fischerbooten, die von Pontano bis zum Faro am Ufer lagen, auf den wenigen Kriegsschiffen, von welchen seit einigen Tagen die Befehle des Diktators ergingen, war's tiefe Nacht, ein selbst für das gewohnte Auge fast undurchdringliches Dunkel. Nur nach der Scylla zu sah man eine Laterne am Schiffsmast schaukeln — ein Zeichen, daß der Kriegsdampfer des Königs wache, oder besser: daß er draußen vor dem Eingang der Strebba liege, damit der Diktator in seinen Uebergangsvorbereitungen nicht gestört werde.

Ganz ebenso schwarz war die Nacht drüben am calabrischen Ufer, in dessen Hintergrund die Berge nur dann und wann von einer Signal=Rakete flüchtig erhellt wurden. Zuweilen zuckte wohl auch ein mattes Licht drüben über den Wällen des Forte di Cavallo auf, in dessen Schein sich dann die Bajonette der Posten spiegelten.

Vom sicilianischen Ufer stießen in kurzen oder längeren Intervallen die Fischerboote ab, dicht bemannt mit Rothhemden, deren Farbe im Dunkel das tiefe Schwarz annahm. Eine lange Furche im Wasser zurücklassend, verschwanden sie lautlos in der Richtung nach Reggio und unermüdet ward die Einschiffungs-Arbeit am Ufer fortgesetzt. Nur das Knallen der Musketen, das Blitzen der Schüsse aus dem Ufer = Dunkel drüben ließ die Arbeitenden wohl aufhorchen. Dann war wieder Alles still und die Nacht deckte, was Jedermann, selbst drüben am Ufer und im Lager der Königlichen wußte, aber nicht wissen wollte.

Am Ufer nämlich von Calabrien lagerten die königlichen Truppen müßig und träge, gleichgiltig fast, müde des nutzlosen Demonstrirens, und hinter ihnen in den Bergen organisirten des Diktators Offiziere die calabresischen Insurgenten, deren Linie sich durch die revolutionirten Provinzen bis Neapel erstreckte.

Um elf Uhr waren die zum nächtlichen Sbarco bestimmten Boote abgelassen und ungefährdet gelandet, als plötzlich von der terra nuova einzelne Schüsse fielen, die alsbald in ein heftiges, scheinbar planlos unterhaltenes Gewehrfeuer übergingen.

Man lauschte am Ufer Der Kommandoruf ertönte. Wuchtige Pferdehufe jagten durch den Sand, an den beiden Fischerdörfern vorüber zur Stadt und funkensprühend die Strabba Ferdinanda hinauf, in welcher schon ein wüstes Durcheinander herrschte.

Hunderte von heiseren Stimmen schrieen in der Straße nach Licht. In der tiefen Dunkelheit rannte Einer den Andern über den Haufen. Das Schreien und Fluchen ward ärger und wilder in demselben Maße, in welchem das Gewehrknattern vor der Citadelle ein schnelleres und wilderes Tempo annahm.

Nur allmälig brachten die verschlafenen Bewohner der Straße einzelne Lichter auf die Balkone, welche die sich erhebende scharfe Meeresbrise wieder löschte.

Inzwischen mischte sich der schwere Tritt marschirender Abtheilungen mit dumpfem Dröhnen in das Geschrei und das Aufschlagen der hin= und hersprengenden Ordonnanz=Pferde.

Am ärgsten ging's in und vor der, dem piano nahe
liegenden Alarm=Kaserne zu. Die noch wenig geschulten
Soldaten griffen schlaftrunken zu ihren Gewehren; trotz
dem Kommando gelang aber keine Formirung und
rottenweise eilten sie, die Gewehre auf der Schulter,
dem bedrohten Posten vor der Citadelle zu Hilfe.

Ein Ausfall der Königlichen! Eine Ueberrumpelung
der Stadt! hieß es allgemein, und diese konnten die
Stadt besetzt haben, ehe der Ragazzi vom Faro in der
Finsterniß zurück zu dirigiren war.

„Vorwärts! Vorwärts!" schrieen die Offiziere ihren
lückenhaften Zügen zu, aber Alle rannten durcheinander.
Die zunächst wohnenden Familien flohen schreiend aus
ihren Häusern, mit sich schleppend, was ihnen am
theuersten, ihre Kinder im Arm, die Weiber mit fliegen=
den Haaren, ihre Kleider über die Schultern geworfen,
die Männer rathlos in die Dunkelheit hineinstürzend.

*

*   *

Werthmann lag im tiefsten Schlummer nach über=
standener Seekrankheit, den Beschwerlichkeiten der Reise
und den Gemüthsaufregungen des Tages. Er hörte
wohl den Lärm in der Hauptstraße, der gedämpft in
die Gasse und über die hohen Dächer drang, aber er
erwachte nicht vollends, denn ihm summte noch der
Kommandoruf des Schiffskapitäns, das Arbeiten der
Dampfmaschine und das Knarren der Schiffsrippen in
den Ohren.

Die größte Zufriedenheit hatte, als er sich schlafen
legte, sein so beunruhigtes Herz umfangen. Der Zweck
seiner Reise war erreicht; der so schmerzensvoll Gesuchte
war gefunden; man hatte wenigstens sichere Botschaft
von ihm und das Bewußtsein hatte ihm selbst den

herben sauren Wein munden laſſen, mit dem man ihn
im Gaſthaus am Abend bewirthet.

So im tiefſten Schlaf, erwachte er jählings, heftig
am Arm gerüttelt. Mit einem Schreckenslaut öffnete
er die Augen und ſtarrte in ein rothbärtiges Geſicht,
das ſich im Dunkel dicht über ihn gebeugt.

„Wer ſind Sie? Was wollen Sie?“ ſchrie er ſich
im Bette aufrichtend, mit weit aufgeriſſenen Augen,
einen Räuber vor ſich glaubend, da er über die Sicherheit der ſicilianiſchen Inſel niemals viel Schmeichel-
haftes geleſen.

„Mein Lieutenant ſchickt mich!“ antwortete ihm eine
Stimme im Schweizer Dialekt, während vor ſeinen
Augen ein Zündholz aufflammte, deſſen grelles Licht
ihn blendete. „Die Königlichen machen einen Ausfall
aus der Citadelle, die ganze Bevölkerung iſt auf der
Flucht; ich ſoll Sie in Sicherheit bringen . . . Machen
Sie ſchnell, es iſt keine Zeit zu verlieren!“

Mit einem ächzenden Laut ſprang Werthmann trotz
ſeinen altersſchwachen Gliedern aus dem Bett.

„Ein Ausfall! Die Bevölkerung auf der Flucht!
Und das muß gerade heute paſſiren!“ jammerte er,
ſeine Kleider ergreifend und in dieſe hineinfahrend . . .
„Aber wo iſt mein Kind! Eilen Sie zu ihm! Erſt
mein Kind, ich beſchwöre ſie! . . . Ich will ſelbſt . . .“

Werthmann ſtürzte zur Thür.

„Iſt ſchon in Sicherheit! Der Lieutenant ſchickte
mich zu Ihnen, während er Ihren Sohn weckte. Er
ſagte mir, er werde mit ihm an der nächſten Ecke auf
Sie warten. Sputen Sie ſich; er iſt ſchon zum Hauſe
hinaus.“ Damit hielt er den Alten von der Thür zurück und reichte ihm ſeinen Reiſerock.

„Mein Kind fort! Allein . . . und ohne mich!“
ſtöhnte Werthmann in ſteigender Angſt.

„Es war nicht anders zu machen! Eilen Sie! Man
ſchließt ſonſt das Haus und wir ſind eingeſperrt!“

„Eingeſperrt! Und hier in ſo unmittelbarer Nähe!

Es war eine Thorheit, uns hier . . . Ich will mich erst überzeugen, ob mein Kind fort . . ."

„So bleiben Sie und ich gehe! Ich sage Ihnen, der junge Herr wartet drunten an der Ecke mit dem Lieutenant!"

Halb fortgerissen ließ sich Werthmann, seine Effekten, sogar seine kleine Reise-Kassette hinter dem Kopfkissen vergessend, über den Gang, die Treppe hinaufschleppen. „Großer Gott, wo aber sollen wir ihn finden in diesem Getümmel!" rief er verzweifelnd, als er mit dem Schweizer zum Hause hinaustrat und die Fliehenden schreiend an der Gasse vorübereilen hörte.

Der Schweizer packte ihn am Arm; er riß ihn dem Strom der Flüchtlinge gerade entgegen, immer vorwärts, bis er hinter einem Wust in der Dunkelheit auf einander gefahrener Karren plötzlich von Werthmanns Seite gezogen wurde.

Jammernd stand der alte Mann da. Er schrie nach dem Schweizer, vergebens! Der Lärm überstimmte ihn. Das Gewehrknattern begann von Neuem und so in seiner Nähe, daß er in der Schußlinie zu sein glaubte, und sich ängstlich unter den Karren duckte.

„Mein Kind, mein Kind! Gott im Himmel, wo ist mein Kind?" jammerte er, sich aufrichtend. „Man hat uns von einander gerissen! . . . Ich will zurück! . . . Aber wohin in diesem Wirrwarr, in dieser Dunkelheit . . . Mein Gott, ich weiß nicht mehr, aus welcher Richtung ich gekommen bin!"

Wieder schrie er nach dem Schweizer. Er tastete mit den Händen umher, um ihn zu suchen . . . Da plötzlich wurden von dem Strom der Flüchtlinge die Karren aus einander gerissen und in Bewegung gesetzt. Werthmann sank, umgerissen, das Gleichgewicht verlierend, unfähig, sich aufrecht zu erhalten, auf das Pflaster und an ihm vorbei, über ihn hinweg wälzte sich die Flucht und heftiger ward das Knattern der Gewehre.

VIII.

Inzwischen stand der Schweizer schon vor der Thür des Knaben, drei heftige Schläge gegen die nur müh=sam im Schloß hängende Thür führend, die durch das ausgestorbene Haus dröhnten, dann die Thür gewalt=sam aufreißend.

Er stieß auf den Knaben, der angekleidet auf seinem Lager gelegen, durch den Straßenlärm und das Schießen bereits geweckt, noch traumverwirrt gelauscht, dann durch die Schläge an der Thür zu vollem Bewußtsein gekommen und aufgesprungen war.

Der Schweizer ergriff ihn am Arm und sagte ihm in größter Hast, was er dem Vater kurz vorher ge=meldet.

„Wo ist mein Vater!" sagte der Knabe, die Stimme erkennend und in der Dunkelheit nach seinem Hut tastend.

„Schon drunten! Mein Lieutenant hat ihn bereits hinabgeführt und mich beauftragt, Sie zu wecken. Sie erwarten uns unten an der Ecke!"

„Ich muß sehen, selbst sehen!" rief der Knabe ent=schlossen, sprang zur Thür und war im Gang, ehe der Schweizer ihn noch finden konnte. „Führen Sie mich zu seinem Zimmer!" rief er diesem zu, sich im Dunkel an der Wand entlang fühlend.

Der Schweizer machte Licht. Beim unsichern Schein des Zündhölzchens traten beide in das kleine Gemach.

„Er ist fort! . . . So führen Sie mich ihm nach! . . . . Wie unvorsichtig von ihm, mich zurückzulassen!"

„Es war keine Zeit mehr zu verlieren!" antwortete der Schweizer barsch. „Hier ist die Stiege, vorwärts! Sie hören das Schießen! Sie können jeden Augenblick uns in der Hauptstraße den Weg abschneiden, und ich bin meinem Lieutenant für Ihre Sicherheit verant= wortlich."

Die Derbheit des Schweizers wirkte bestimmend auf das Mißtrauen des Knaben. Ohne ein Wort eilte er ihm nach die Treppe hinab, Niemand begegnete auch ihnen. Die Stille im Hause überzeugte ihn, daß schon Alles geflohen sein müßte und jagte auch ihn hinaus.

Noch war der Strom der Flüchtigen im Gange; das Gewehrknattern, nicht mehr ganz so heftig, dauerte fort. Die wenigen Lichter auf den Balkonen waren im Stich gelassen und erloschen, die Finsterniß war dieselbe.

Der Schweizer hielt einen Moment an der Ecke der Hauptstraße inne, als suche er.

„Sie sind schon fort! Sie konnten in dem Ge= tümmel nicht stehen bleiben. Sie werden uns dort unten erwarten, wo es stiller ist. Kommen Sie!"

Damit faßte er den Knaben fest am Arm und dieser, in der Volksfluth jeden Widerstand aufgebend, folgte ihm gehorsam, sich an ihn drängend, um den Führer nicht zu verlieren.

Der Schweizer hatte diesmal die entgegengesetzte Richtung eingeschlagen, beide trieben mit dem Strom.

„Er wird schon in Sicherheit sein!" Athemschöpfend blieb der Schweizer stehend und schaute suchend umher. Beide befanden sich am Sockel der vom Volk herab= genommenen Statue Ferdinands.

Einzelne Windlichter auf den Balkonen warfen hier einen matten Schein über die Straße. Kopfschüttelnd setzte sich der Schweizer wieder in Bewegung. „Ihr Vater wird schon an Ort und Stelle sein," sagte er, die Hand auf den Arm des Knaben legend. „Der Lieutenant hat mir den Palazzo da drüben auf der Höhe als Rückzugspunkt genannt, wenn wir uns in dem

Gewühl verfehlen sollten. Kommen Sie! Wir sind
dort sicher."

Mißtrauisch blickte ihn jetzt der von der schnellen
Flucht halb erschöpfte Knabe an und schien nicht mehr
Willens, weiter zu folgen.

„Ziehen Sie es vor, hier stehen zu bleiben? Ich
habe Ihnen gesagt, daß der Lieutenant mich für Ihre
Sicherheit verantwortlich gemacht!" Des Schweizers
Ton war derber noch, als vorhin. „Ich habe keine
Zeit mehr! Wir werden auch die Muskete nehmen und
vorgehen müssen. Der Dienst ruft mich. Also vor=
wärts!"

Wieder ließ der Knabe sich fortziehen. Die noch
immer andauernde Flucht bestimmte ihn. Der Schweizer
bog hinter der Villa reale in eine Gasse ein und stieg
mit ihm aufwärts.

„Sehen Sie das Licht dort?" Er zeigte auf ein
großes, alterthümliches Gebäude, dessen Fenster erhellt
waren. „Dort wird ihr Vater schon untergebracht sein;
es ist eins der vornehmsten Häuser, gehört einem könig=
lich gesinnten Marquese, der davongegangen. So lange,
bis wir die Realisten wieder in ihr steinernes Mauseloch
zurückgejagt haben, werden Sie dort so sicher wie in
Abrahams Schooß sein. Der Lieutenannt scheint's sehr
gut mit Ihnen zu meinen."

Schweigend und zögernd folgte der Knabe Es
wirkte beruhigend auf ihn, dem Getümmel der Flucht
entrissen zu sein; die Sehnsucht, mit dem Vater wieder
vereint zu werden, zog ihn vorwärts und das vornehme
Gebäude, die Erleuchtung der Zimmer, endlich der Ge=
danke, der Citadelle ferner zu sein, gab ihm wieder
Vertrauen.

Eben stand er mit seinem Führer vor dem geöffneten
hohen Gitterthor, das, von einigen schattigen Pinien
überragt, in den Hof des Palazzo führte. Zertretenes
Stroh, einige Brandstätten auf dem Pflaster des Hofes,
unordentlich zusammengesetzte Gewehre deuteten an, daß

hier ein Posten lag, und diese Ueberzeugung machte ihn
sicher.

„Droben werden wir ihn finden; er ist schon ange=
langt; ich seh's an dem Licht Nur vorwärts!" rief
der Schweizer, der sehr beeilt schien, im Kommandoton
und schob ihn in den Hof. „Meine Kameraden sind
schon angetreten!" setzte er hinzu.

Etwas unheimlich hallten freilich die Tritte in dem
halbdunklen Hofe auf dem Pflaster, indeß der Palast
war bewohnt, das tröstete, wenn auch die mit einer
Staubkruste bedeckten, zum Theil verstümmelten grauen
Sandstein = Statuen so warnend von ihren Sockeln
schauten.

Der Schweizer stieg die niedre Freitreppe hinan, er
stieß die Hausthür auf. Beide traten in einen weiten
dunklen Flur, den eine im Luftzug schwankende Laterne
matt erhellte.

In Sand= und Marmelstein gehauene Wappen an
den Wänden machten einen feudalen Eindruck; eine im
Hintergrunde an der Wand hängende Schiffs = Galion,
das Brustbild eines zähnefletschenden Mohren, der einen
Beutel in der Hand trug, erinnerte an die Rolle, welche
die Familie des Besitzers einst in Venedig gespielt; der
Humor der Ragazzi aber hatte dem Mohren einen
großen, befiederten, neapolitanischen Generalshut aufge=
setzt und unterhalb desselben kennzeichnete ausgebreitetes,
zertretenes Stroh das Nachtlager des Postens.

Ein auf demselben mit gekreuzten Beinen dasitzender
Soldat schien den Wachtdienst zu haben. Sein Gewehr
lehnte an der Wand, während er eine lange, in Scheiben
geschnittene Gurke speiste.

Der Schweizer rief ihn an und fragte in schlechtem,
mit den heimischen Gutturallauten gesprochenem Ita=
lienisch, ob der Lieutenant oben sei.

Die Wache nickte bejahend. Ein Stein fiel vom
Herzen des Knaben. Muthiger eilte er dem Schweizer
nach, die breite Steintreppe hinan.

Ein Gewirr von Stimmen drang durch die hohen, mit in Holz geschnitzten Wappen gekrönten Thüren; ein penetranter Geruch kam ihm im Korridor entgegen. Der Schweizer winkte ihm schweigend und schritt den letzteren entlang in das Dunkel des Hintergrundes.

Der Lärm der rauhen Stimmen blieb hinter ihnen. Der Schall der Doppeltritte dröhnte und jagte dem Knaben wieder Angst in's Herz. Langsamer folgte er. Der Schweizer war ihm vorausgeeilt und öffnete den Flügel der den Korridor schließenden Thür, aus welcher der Lichtschein eines massiven Lustre herausdrang.

„Ich bitte einzutreten!" rief er dem Knaben entgegen.

Dieser blickte in einen reich, aber sehr antik möblirten Salon. Schwere spanische Gobelins, verschossen und vergilbt, deckten die Wände; das Licht eines massiven venetianischen Lüstre warf die Schatten seiner Arme radienförmig über die kaum noch in ihren Conturen erkennbaren Wandgebilde. Die Fauteuils und Sophas, mit graugelbem Damast überzogen, alle mit Wappen= schnitzerei, setzten ihre derben Füße auf einen verschossenen Teppich und die Vorhänge der hohen Fenster waren dermaßen von der Zeit mitgenommen, so von Staub bedeckt, daß sie wie graues Sackleinen herabhingen.

Zaudernd stand der Knabe auf der Schwelle, den Hut in der Hand, das dunkle Lockenhaar von der Eile der Flucht um die erhitzte Stirn hängend. Mit bangem Herzklopfen blickte er in den Salon. Er war leer; nur einige alte kurzgeschorene Ritterköpfe schauten ihn, über ihre Harnische hinweg, aus den schwarz gewordenen Barockrahmen von den Wänden an.

„Lassen Sie mich nicht allein!" rief er sich zurück= wendend, dem Schweizer zu, und tastete ängstlich mit der Hand hinter sich. Die schwere Thür aber fiel in dem Moment bereits hinter ihm zu. Er stand da, verwirrt, von banger Ahnung erfaßt, Verrath fürchtend, bleich und zitternd.

Haſtig griff er nach dem Thürſchloß, um ſeinem
Führer nachzueilen, ihm fehlte aber die Kraft, die
ſchwere Klinke niederzubrücken, denn ſeine Hand zitterte.
Der Angſtſchweiß drang ihm bei ſeiner Anſtrengung
auf die Stirn.

Da hörte er wieder das rauhe Stimmengewirr, das
ihm auf dem Korridor entgegen gedrungen. Er lauſchte.
Es kam von drüben, vom anſtoßenden Zimmer. Mochte
dort ſein, wer da wollte; die Einſamkeit war ihm ent=
ſetzlich; es war ihm, als drehe ſich der Kronleuchter
vor ſeinen Augen, als ſpännen die Schatten ſeiner
Arme einen Käfig, ein Gefängniß um ihn.

Entſchloſſen trat er vor. Dort drüben links die hohe
Thür mußte ihn wenigſtens zu Menſchen führen. Er
ſtand im Saal. Er lauſchte noch einmal, um wo mög=
lich die Stimmen zu unterſcheiden. War der Vater hier
im Hauſe, ſo mußte er ja drüben ſein; er konnte erſt
kurz vor ihm eingetroffen ſein und wenn nicht, ſo konnte
er ihn drüben erwarten.

Da war's ihm, als rauſche einer der ſchweren Vor=
hänge; er vernahm dumpfe Schritte hinter ſich auf dem
Teppich. Ueberzeugt, daß ſein Vater eingetreten, daß
er ſofort deſſen Stimme hören werde, einen Freuden=
laut auf den Lippen, wandte er ſich zurück.

Lubowitz ſtand da inmitten des Saales, das Käppi
vom Scheitel nehmend, auf einen der Seſſel werfend,
ſich wie zerſtreut mit der Hand über die Stirn fahrend
und ſich mit dem Taſchentuch die erhitzte Stirn trock=
nend, ohne des Knaben zu achten.

„Wo iſt mein Vater!" rief der Knabe, einen Schritt
zu ihm thuend. „Ich beſchwöre Sie, wo iſt er?"

Lubowitz ſchob mit der einen Hand das Tuch in
ſeine Blouſe zurück, drehte mit der andern nach ſeiner
Gewohnheit den Zipfel ſeines Schnurrbarts und ver=
beugte ſich nachläſſig, aber mit lauerndem Blick vor
dem Fragenden, deſſen Auge in höchſter Spannung an
ihm hing.

„Ihr Vater?" fragte er langsam und mit einem Lächeln, das beruhigen sollte, aber den Knaben an allen Gliedern zittern machte. „Ihr Vater? ... Ist er nicht mit Ihnen gekommen?"

Der Knabe stand wie versteinert da. Sein Antlitz war leichenblaß, der Hut entsank seiner herabhängenden Hand, die Lippen bebten lautlos. Mehr als diese Antwort erschreckte ihn der Ton des Mannes.

„Ich bitte, nehmen Sie Platz; Sie werden ermüdet sein. Leider ist es mir nicht gestattet, Ihnen hier mit einer Erfrischung zu dienen!" sagte er, von der Seelenangst des Knaben keine Notiz nehmend.

Lubowitz deutete dabei auf einen Sessel, während er dem Knaben sich langsam näherte.

„Ich bitte, mir zu sagen, wo mein Vater ist!" rief dieser, seinem Schrecken mit Mühe die wenigen Worte abringend.

„Ich gebe Ihnen meine Versicherung: Ich weiß es nicht! Man wird ihn vergessen haben, als man Sie abholte, und im Grunde würde er hier sehr überflüssig sein ... Beruhigen Sie sich inzwischen, es wird ihm nichts Böses widerfahren können, und hat er seine Wohnung verlassen, so wird er sicher dahin zurückgekehrt sein."

Der Knabe hörte den Mann, der ihnen mit so großer Dienstfertigkeit entgegengekommen, in einem Tone sprechen, er sah ihn mit einer Miene vor sich stehen, die ihm das Blut erstarren machte.

„So lassen Sie mich zu ihm zurückführen, Herr von Lubowitz! Er wird um mich in großer Besorgniß sein! Ich bitte Sie, lassen Sie mich zu ihm!"

Lubowitz blickte ihn, die Wimpern zusammenkneifend, an. Er kreuzte die Arme über die Brust, lehnte sich an den Tisch und musterte den Knaben mit malitiösem Behagen.

„Es steht Ihnen nichts entgegen, den Herrn Papa morgen aufzusuchen," sagte er, sich an der Angst des

4*

Knaben weidend. „Für die Nacht werden Sie mit meiner Gastfreundschaft fürlieb nehmen müssen, denn die Truppen haben inzwischen alle Straßen gesperrt."

Der Knabe stand wie eine Bildsäule, todtenbleich, regungslos.

„Sie werden auch dieses Quartier hier bequemer finden, als jenes, das ich Ihnen heute Morgen offeriren zu können in der Lage war," setzte er in demselben Tone hinzu. „Sie scheinen überrascht durch mein Anerbieten, aber mein Gott, im Kriege macht man nicht viel Umstände .... Nehmen Sie Platz, denn Sie werden erschöpft sein. Sie sehen, auch ich habe keinen schlechten Tausch mit meinem Quartier gemacht. Die Ragazzi drüben sind zwar ein wenig lärmend, denn sie haben einen Weinkeller im Hause entdeckt und werden vielleicht die ganze Nacht hindurch keine Ruhe geben, aber dieser andere Theil des Palazzo wird Ihnen ganz behaglich sein. Morgen früh lasse ich Sie zu dem Papa zurück eskortiren."

Des Knaben Arme hoben sich. Er legte beide Hände vor das Antlitz. Dann plötzlich starrte er wieder auf. Sein Auge sprühte, seine Brust hob, seine Hände ballten sich

„Was ist Ihre Absicht mit mir, Herr von Lubowitz?" rief er sich aufrichtend und in drohender Haltung. „Wie konnten Sie es wagen, was konnte Sie bestimmen, als Mann von Ehre mit einem Fremden und Hilflosen ein solches Spiel zu treiben!"

Lubowitz lachte höhnisch. Er trat einen Schritt vor; der Knabe wich, die Arme vorstreckend, zurück.

„Was mich bestimmen konnte, mich, einen Mann von Ehre? ... Wir sind unter uns; ich habe auch gar nicht die Absicht, Ihnen zu verschweigen, was mich bestimmte, Sie hierher führen zu lassen ... Sie nennen mich einen Mann von Ehre und ich danke Ihnen für das Kompliment. Meine Ehre aber ist daheim im Vaterland mit Füßen getreten worden, an den Pranger

geschlagen, sie kann also hier nicht mehr meine Rath=
geberin sein. Sie selbst, Fräulein Werthmann, sind im
Begriff, sich zu überzeugen, welch ein gebrechlich Ding
die Ehre ist!"

Mit teuflischem Spott schaute er den Knaben an,
der, als er sein Geschlecht erkannt sah, zurückwankte und,
um sich aufrecht zu erhalten, die Hand auf die Lehne
des Sessels stützte.

Seit das Geheimniß enthüllt, lagen auch die Mo=
tive von Lubowitz' Handlungsweise klar zu Tage.

„Glauben Sie nicht, mein Fräulein," fuhr dieser
fort, „ich wolle Sie dafür strafen, daß Sie es wagen
konnten in der thörichten Hoffnung unerkannt zu bleiben,
hier an diesem Ufer aufzutreten, das von jedem Weib
geflohen werden sollte, wenn ihm seine Ehre lieb ist.
Ich erkannte in dem hübschen Knaben schon heute
Morgen dasselbe Fräulein Werthmann, das ich daheim
im Theater so oft bewundert, ohne mich ihr nähern zu
können. Ich erkannte auch den Herrn Papa, mit dem
ich eine Rechnung abzuschließen habe — fragen Sie
nicht, welche — Ihren Papa, den mir das Schicksal
so wunderbar in die Arme führen mußte, und dieses
Schicksal würde mich einen Narren heißen, wenn ich
nicht von seiner Gunst Gebrauch machen, Sie nicht so
lange als Gast behalten wollte, bis ich das Maß der
Artigkeit erschöpft, die ich so viel Schönheit und An=
muth schuldig bin "

Nicht der Knabe mehr — das Mädchen stand vor
Lubowitz, das seiner falschen Rolle bewußt, instinkt=
mäßig sich von diesem Mann fern zu halten gesucht,
um nicht in irgend einem unbewachten Moment
sich selbst vor ihm zu verrathen; das Mädchen,
das trotz aller Vorsicht in seine Maske zu viel Ver=
trauen gesetzt, sich erkannt sah und jetzt vor einem
Manne stand, wie es schien, rettungslos einem Aben=
teurer preisgegeben war, der sich selbst für ehrlos er=
klärte! Ernestine Werthmann, die sich sicher geglaubt,

als man auf dem Schiff, wo sie sich den ganzen Tag
hindurch in die Kajüte zurückziehen konnte, ihr Geschlecht
nicht errathen, hatte sich mit all ihren Mißtrauen gegen
diesen Mann von ihm in die Falle locken lassen und
das blinde Vertrauen des Vaters in seine Dienstfertig=
keit hatte sie dem Verderben überliefert.

Noch mehr: dieser Mann gestand ihr, er habe mit
ihrem ahnungslosen Vater eine Rechnung abzuschließen!
Sie las auf seinem Gesicht, daß er den Verlust seiner
Ehre, an dem der Vater, Gott weiß wie, schuld sein
sollte, mit dem Preis der ihrigen sich bezahlt machen
wollte, und sie war in seiner Hand! Dann hörte sie
drüben auch noch immer die heiseren Stimmen, die
lachend, zankend und fluchend in allen Sprachen durch
einander schrieen . . . Dort drüben war für sie ebenso
sicheres Verderben wie hier, eine Flucht unmöglich! Sie
befand sich im tiefsten und wildesten Kriegsgetümmel,
unter einer Armee, die sich aus Abenteurern, Vagabunden
und Landsknechten der ganzen Welt rekrutirt — sie ein
Mädchen, fremd= und anhaltslos, dem der einzige Schutz,
der Vater, durch einen Bubenstreich von der Seite
gerissen worden! . . . .

„Sie sind überrascht, Fräulein Werthmann," fuhr
Lubowitz im alten Tone fort, während er das Mädchen
dreister, sicherer, seines Triumphes bewußt, betrachtete,
ihre Leichenblässe mit Zufriedenheit gewahrte und ihre
Kleidung lächelnd musterte. „Ich war es ebenfalls!
Ich konnte unmöglich im ersten Augenblick unseres Be=
gegnens hier ahnen, daß diese unscheinbare, schlichte
Knabenkleidung dieselben Reize umschließe, die ich und
meine Freunde daheim so oft bewunderten, wenn ich
Sie auf die Logenbrüstung des Theaters hingelehnt sah
und den Glücklichen beneidete, dem Ihre Augen zulächelten,
denselben, der zu meinem Erstaunen nach meinem
Schiffbruch ebenfalls in die Lage kommen sollte, sein
kostbares Leben hier für eine Sache in die Schanze zu
schlagen, die uns Beide nichts angeht. Aber er war

auch jetzt noch glücklicher als ich, denn was ihn auch von Ihrer Seite fortgetrieben haben mag — und vielleicht waren Sie dies selbst! — Sie eilten ihm wenigstens hierher nach, Sie suchten ihn; ich las die Sehnsucht nach ihm in Ihren Augen, während ich mir erst den Kopf zerbrechen musste über eine List, die mich durch Herrn Werthmann's schöne Tochter für den Verlust meiner Stellung in der Gesellschaft entschädigen sollte . . ."

„Was hat Ihnen mein armer, unglücklicher Vater gethan!" hörte er die Stimme des Mädchens, gepresst und dumpf. „Nennen Sie den Preis, und hat er, der Niemandem Böses will, Sie ohne sein Wissen und Wollen — er kannte Sie ja nicht einmal, wie Sie sahen! — beleidigt, so wird ihm kein Opfer zu hoch sein, um Sie zu entschädigen!"

Ernestine Werthmann richtete sich mühsam wieder auf. Der Gedanke, diesen Mann zu versöhnen, gab ihr einen Hoffnungsschimmer zurück. Sie wagte es, ihn anzublicken, aber zitternd senkte sie das Auge vor dem seinigen.

„Dieser Preis? . . . Sie kennen, Sie errathen ihn, mein Fräulein!" antwortete er galant mit kalter Verbeugung. „Sie wissen, eine Ehre ist der andern werth und also auch das Gegentheil!"

Das Mädchen senkte vernichtet das Antlitz.

„Herr von Lauenthal wird furchtbar rächen, was Sie seiner Braut zuzufügen gewagt!" rief sie mit drohender Geberde, ohne aufzuschauen.

„Herr von Lauenthal! . . . Freilich, könnte er das, ich würde ihm Rede stehen und mit Vergnügen, denn selbst die Rücksicht für ihn würde mich nicht anders bestimmen . . . Der arme Lauenthal ist aber schon bei Milazzo gefallen; er ist todt!"

Das Mädchen starrte ihn geisterhaft, mit gläsernem Auge an; ihre beiden Hände klammerten sich krampfhaft an die Lehne des Sessels. Sie schwankte.

„Todt!" wiederholte sie, das Haupt senkend, mit fast gebrochener Stimme.

„Wie ich sagte. Aus Rücksicht verschwieg ich Ihnen dies. Sie sehen, ich bin nicht so grausam . . ."

Lubowitz sprang plötzlich herzu. Ernestine Werth=mann hatte dieser Schlag so zerschmettert, daß sie zusam=mensank. Lubowitz fing sie in seinem Arm auf.

„Eine Ohnmacht!" rief er halblaut, sie aufhebend und ihr in das leichenblasse Gesicht schauend, dann umherblickend, als suche er Hilfe, ohne diese wirklich zu begehren.

„In Ermangelung einer Kammerfrau werde ich selbst die Dienste derselben übernehmen müssen. Laß' sehen, schönes Kind, ob ich nicht allzu ungeschickt bin!"

Er wollte sie auf seine Arme nehmen und sie zum nächsten Sopha tragen; aber der Ekel vor dieser Be=rührung rief die betäubten Lebensgeister des Mädchens wieder wach. Mit einer gewaltsamen Anstrengung ent=wand sie sich seinem Arm; sie stieß ihn mit beiden Händen vor die Brust, doch machtlos gegen die Jugendkraft des Lieutenants taumelte sie zurück und klammerte sich wieder an den Sessel, um sich aufrecht zu erhalten, denn Flucht war jetzt ihr Gedanke, die Flucht, gleich=viel wohin.

Lubowitz war wenigstens überrascht und bedurfte einiger Sammlung.

„Bei Gott, keine üble Parade!" murmelte er satirisch lachend, des Mädchens Bewegungen verfolgend, das plötzlich hoch aufhorchte und sich mit blitzendem Auge in die Höhe richtete.

Von drüben aus dem Nebengemach, in welchem es vorübergehend stiller gewesen, schallte wieder lautes Ge=lächter, ein evviva und Gläserklirren, das Rollen der Würfel auf den Tischen.

Eine Sekunde lang lauschte sie, während er ihr bos=haft zuschaute, dann sprang sie zur Thür, preßte beide Hände auf das Schloß derselben stieß mit der Vehemenz der Verzweiflung den schweren Flügel auf und sprang hinaus.

———

IX

Drüben sah sie sich in dem weiten, halb dunklen, von roth brennenden Unschlittlichtern mühsam beleuchteten Raum vor einigen Gruppen von etwa dreißig Roth= hemden, vom Wein erhitzten, bärtigen, abenteuerlichen Gesichtern, die knöchelnd um die Tische saßen.

„Cospetto di Baccho!" rief einer derselben, den seinem Nachbar über die ausgestreckten Beine springenden Knaben beim Arm ergreifend, „woher kommt denn das Bürschchen da, ein Ragazzo, dem noch kein Flaum auf der Lippe gewachsen!"

„Gnade! Helft mir . . . Lasst mich los!" rief das Mädchen in gebrochenem Italienisch. „Ich bin verloren!"

„Verloren? Oho! Und Du kommst aus des Lieute= nants Zimmer! . . . Laß' sehen, was Du getrieben hast!" rief ein Anderer mit einem Gesicht, um das die Kriminalgesetze sich schon bekümmert haben mussten, auf= springend, das Mädchen am anderen Arm erfassend und mit der Hand nach der Brusttasche desselben greifend.

Noch ein Dritter erhob sich, sehend, daß seine beiden Kameraden einen Fang zu machen im Begriff. Man zerrte an dem Mädchen, das sich vergeblich ihren Fäusten zu entwinden bemühte; man riß ihr den Rock vom Leibe, die Weste . . .

„Madre di Dio, ein wundervolles Mädchen!" schrie einer der Strolche auf, der so glücklich gewesen, unter

der Cravatte des Gefangenen ein von Brillanten blitzendes
goldenes Medaillon zu gewahren und ihm dies vom
Halse reißen wollte. „Ecco, ecco, welch schönes Mäd=
chen!" Damit suchte er sie den Andern zu entreißen,
indem er sie um den Leib packte und mit einem Ruck
das kostbare Medaillon ihr von der Brust riß.

Ein wildes Durcheinander. Alles umringte lachend
das Mädchen.

Lubowitz's Gestalt war inzwischen in der Thür er=
schienen. Kaltblütig schaute er der brutalen Scene zu,
schadenfroh hörte er das Jammern und Hilferufen des
Mädchens.

„Der Kommandant!" rief einer der Strolche den
Andern, ihn gewahrend, erschreckt zu, und wirklich machte
man Miene, das Mädchen fahren zu lassen, das sich
vergeblich flehend unter den Händen der Banditen wand.

„Sie ist Euer! Nehmt sie hin!" erschallte jetzt des
Lieutenants Stimme. Er zog sich zurück, die Thür hinter
sich zuschlagend.

Ein Jubel dröhnte durch den ganzen Saal. Dreißig
halb oder ganz trunkene Kerle umringten wieder, die
Würfel und Flaschen im Stich lassend, das Mädchen,
während einige von ihnen dem Kameraden das Medaillon
abzujagen suchten, das dieser mit dem gezogenen Messer
vertheidigte, Andere in den dem Mädchen abgenommenen
Kleidern nach Beute suchten.

Es war eine Höllenscene, diese Rothhemden, mit
blutunterlaufenen Augen, gierigen Gesichtern, wie sie das
vor Angst halbtodte Mädchen umdrängten und in
bestialischer Weise ihre Freude über diesen Fang aus=
ließen.

Da drang eine Donnerstimme plötzlich aus dem
weiten dunklen Hintergrunde. Niemand hörte sie. Noch
einmal dröhnte sie durch den Saal. Der Jubel der
Rothhemden überstimmte sie.

Jetzt fiel ein Schuß, offenbar in die Luft abgefeuert,
denn die antiken Kristallprismen des in der Mitte des

Saales hängenden schweren Lüstres flogen in glitzernden Stücken gegen die Wände und prallten von da zurück auf die Tische und gegen die Köpfe der Rothhemden.

Erschreckt, verblüfft fuhren diese auseinander.

„Fui! Fui!" schrieen einige heisere Kehlen, nach den Käppi's greifend und sich zur Flucht anschickend. Andere griffen zu ihren Seitengewehren und starrten wild in das Dunkel hinein. Man glaubte an einen Ueberfall des Postens, der anstatt beim Alarm unter's Gewehr zu treten, sorglos den im Keller gefundenen Wein leerte.

Das Mädchen ersah den Moment der Rettung. Es blickte wie ein Reh, das den Ausweg zwischen seinen Verfolgern sucht, umher und wollte sich, den grauen Reiserock vom Boden raffend, in das Dunkel stürzen, als es erschreckt zurückprallte.

Eine riesige, breitschultrige und korpulente Männergestalt, in rother Blouse, mit dickem, stark ergrautem Vollbart, dunkelbraunem fleischigem Gesicht, das Offizierskäppi mit Gold verbrämt auf dem Kopf, einen schweren österreichischen Pallasch unter dem Arm, den Revolver in der Hand, trat zwischen die Ragazzi, die mit Schreck in den erhitzten Gesichtern regungslos dastanden und ihm in's Gesicht starrten.

„Der Oberst!" stieß einer der Soldaten heraus und suchte sich in den Schatten zu retten.

Der Oberst, eine imposante, vierschrötige Gestalt, keineswegs das Modell eines Mars, aber Respekt gebietend, furchtlos und selbstbewußt in seinen hohen, bis zum Knie reichenden Stiefeln stehend, heftete das von buschigen Brauen beschattete Auge blitzend auf die Ragazzi, einen nach dem andern musternd. Er schien in seiner Entrüstung kaum zu fühlen, wie sich das Mädchen mit einem Schrei an seine Brust warf.

„Verdammte Banditen!" schnob er die Soldaten an. In mit ungarischen Worten gemischtem schlechtem Italienisch überhäufte er die Ragazzi mit einer Fluth von Schimpfworten und wandte sich dann mit einem Befehl an den hinter ihm eingetretenen Sergeanten.

„Bassama . . . Wo ist der Offizier, der meiner Ordre zum Antreten nicht gehorcht!" rief er, sich wieder an die Soldaten richtend, immer in demselben Sprachgemisch.

Die Ragazzi zeigten eingeschüchtert, fast demüthig auf die Thür und schauten furchtsam einander an.

„Sergeant, gehen Sie, fordern Sie ihm seinen Säbel ab! Die Memme, die schon keine Courage vor dem Feind gehabt, soll in Arrest, vor's Kriegsgericht!"

Der Sergeant schritt zwischen den Ragazzi hindurch zur Thür und verschwand in derselben. Der Colonel ließ wiederum sein Zorn sprühendes Auge über die Soldaten gleiten, einen nach dem andern fixirend.

„An eure Gewehre, ihr Tagediebe und Saufbolde!" schrie er, den Arm ausstreckend. „Wer in der nächsten Sekunde noch hier ist, den schieß ich nieder wie einen Hund — „Bassama teremtete!" schloß er mit seinem nationalen Fluch die italienische Rede.

Erst jetzt entdeckte er, vor sich niederblickend, das Mädchen. Während die Ragazzi sich lautlos, mit gesenkten Köpfen, ohne ein Murren, nur mit einem schmerzlichen Blick auf die noch nicht geleerten Weinflaschen, entfernten, schaute er verwundert auf die ihn in dieser Umgebung überraschende Knabengestalt, die flehend, die Hände gefaltet vor ihm stand.

„Wer ist das hier?" packte er den letzten der davon schleichenden Soldaten beim Arm, auf das Mädchen zeigend.

Der Soldat zitterte im Bewußtsein der Schuld. Ein Spanier, der auf der Insel Dienste genommen, antwortete er stammelnd im Kauderwelsch:

„Una maja . . . eine fremde Dame, Senor Colonello!"

Der Oberst blickte, die Augenbrauen finster zusammenziehend und forschend auf das Mädchen. „Ragazza!" murmelte er kopfschüttelnd. Dann winkte er dem Soldaten, den Uebrigen zu folgen. Er steckte den Revolver in den Gürtel zurück, stemmte beide Hände in die breiten

Hüften und wandte sich stumm, mit gebietender Frage
an das Mädchen.

„Retten Sie mich, Herr Oberst!" rief Ernestine
Werthmann, in ihrer Angst die Muttersprache gebrauchend
und mit Flehen wieder ihre Hände zu ihm erhebend.

Die Schönheit des so bleichen, verstörten Gesichts,
das so angstvoll bittend zu ihm aufgeschlagene Auge
sänftigten die zornige Miene des Kriegers.

„Bassama, ist Madel schwäbisches!" rief er erstaunt
auf deutsch und halb für sich. „In Mannskleid Madel
ganz sauberes . . . Wie kommen unter Kerle schuftige?"
fragte er barsch, daß das Mädchen zusammenfuhr.

„Ich beschwöre Sie, Herr Oberst! Denken Sie nicht
schlimm von mir! Ich bin eine Fremde! Ich kam
hieher mit meinem Vater; ich wählte aus Vorsicht diese
Kleidung, weil man mir sagte . . ."

Ernestine stockte; der Oberst schaute sie wieder so
unerbittlich an, daß er sie verwirrte.

„Aber wie belieben hieher zu kommen, bitt' ich!"
fragte dieser einen höflicheren Ton anschlagend, als ihn
die Züge, die Haltung und die Sprache des Mädchens
überzeugten, daß er keine Abenteurerin vor sich habe,
deren die Kriegsereignisse so manche hiehergezogen. „Bin
ich kein Freund von Weibsleut hier, Gesindel elendes,
das Soldaten liederliches nachlauft!"

Ernestine erschrak. Auch sie fühlte sich durch diesen
Vorwurf getroffen. Sie schaute sprachlos zu Boden;
glühende Röthe stieg in ihr bis dahin so bleiches Gesicht.

„Belieben mir zu antworten!" wiederholte der Colo=
nel ungeduldig.

Ernestine faßte ein Herz. Trotz seinem barschen
Wesen sah sie einen Mann vor sich, durch den ihr
Rettung werden mußte.

„Man riß mich heut Abend von der Seite meines
Vaters, als Alles die Flucht ergriff," sprach sie zitternd
und ohne aufzuschauen. „Man führte mich hieher unter
dem Vorwand, ich solle ihn hier finden . . . Großer

Gott im Himmel, ich habe hier Entsetzliches erdulden
müssen; ich wäre verloren gewesen ohne Sie! Man führte
mich in jenes Zimmer da; es gelang mir zu entfliehen,
aber auch hier . . ."

Ernestine bedeckte schluchzend das Antlitz mit den
Händen und der Oberst, als er diese weißen, graziösen
Händchen sah, als er das Schluchzen hörte, trat gerührt
zu ihr heran.

„Bitt ich nicht zu flennen, Fräulein gnädiges!" sagte
er theilnehmend. „Bin ich altes Soldat graubärtiges,
das Weib und Kind hat daheim und sterben lassen müssen
als magyar haza, Vaterland seiniges verloren war."

Er murmelte einige Worte trauernd in den Bart,
denn das Schluchzen des Mädchens, die Erinnerung an
sein eigen Weib, das der alte Honved wahrscheinlich
einst jung und blühend wie das vor ihm stehende hatte
verlassen müssen, um sich als Parteigänger draußen in
der Welt herumzuschlagen, die ganze Scene ging ihm zu
Herzen und ließ ihn seinen Zorn als Bataillons-Kom=
mandeur vergessen.

Die schwere Hand, die nur die Klinge zu führen ge=
wohnt, berührte sanft die des Mädchens und zog sie
von den in Thränen schwimmenden Augen.

„Bitt' ich mir zu sagen, Fräulein gnädiges, wo ist
Vater Ihriges?" bat er mit weicher Stimme, indem
er sie zu einem der mit schwerem Brokat überzogenen
Sessel zu führen suchte, die von der Einquartierung schon
arg mitgenommen.

„Ach, ich weiß es ja nicht!" rief Ernestine trauernd,
die Hände wieder faltend. „O, ich bin ja so entsetzlich
unglücklich! . . . Einer Ihrer Offiziere bot uns heute
Morgen, als wir obdachlos am Schiff standen, sein
Quartier im croce bianca. Mein Vater vertraute ihm
und heut Abend ließ er, nachdem er unter dem Gewehr=
feuer meinen Vater schon fortgeführt, mich durch einen
Soldaten, einen Schweizer, abholen und hieher bringen,
wo ich den Vater finden sollte, und statt dessen . . . . o,

ich erstarre, wenn ich daran denke, daß ich in seiner Ge=
walt war!"

„Und wie ist Name seiniges?" rief der Oberst, dem
der Zorn das Antlitz wieder hoch zu röthen begann, mit
schwellenden Stirnadern.

„Lubowitz nannte er sich uns."

„Lubowitz? . . . Kenn ich gar nicht Lubowitz!" Der
Oberst schüttelte ungläubig den Kopf, ward mißtrauisch,
bemühte sich aber, nachzusinnen.

Ernestine zeigte mit Abscheu auf die Thür.

„Dort!" rief sie, während ein Schauder ihre Glieder
schüttelte.

„Ah! Zimmer von Capo-posto! Bube, schuftiges,
schwäbisches!" brummte der Colonel in den Bart. „Hat
sich gegeben Name anderes, um Mädel sauberes zu ver=
führen!"

Der Sergeant kehrte eben zurück und meldete in der
Thüre stehend in ungarischer Sprache, der Lieutenant
sei nicht mehr zu finden, er sei mit seinem Trupp ab=
marschirt!"

Der Colonel winkte ihm zu bleiben. Er mußte erst
seinen Groll über den Lieutenant in sich niederkämpfen.

„Bitt ich, mir zu sagen," fuhr er fort, „was Vater
Ihriges hiehergeführt."

Ernestine fuhr erschreckt zusammen. Abermals ver=
hüllte sie das Antlitz, abermals brach sie in so herz=
zerreißendes Schluchzen aus, daß es dem alten Krieger
unheimlich ward und er verlegen sich mit der Hand
über das graue Stoppelhaar strich.

„O, es war ja Alles umsonst!" jammerte das Mäd=
chen. „Er, um dessen willen wir kamen, mein Verlobter, den
ein unglückliches Schicksal von uns fortgetrieben, dem ich
hieher folgte, weil mir das Leben ohne ihn unerträglich
war, er ist todt . . . todt!" schrie sie auf und sank ver=
nichtet in den Sessel zurück.

Dem Colonel ward die Scene zu arg. Er kraute
sich im Haar, ward unmuthig und dennoch rührte ihn

der Schmerz des Kindes. Er zupfte sich verwirrt an dem grauen Bart und schaute bald den Sergeanten, bald das jammernde Mädchen an.

„Oskar todt! . . . Todt!" klagte Ernestine, das Antlitz in beiden Händen. „O, ich ertrag' es nicht! Ich will mit ihm sterben! . . . Und mein armer Vater, wenn auch er erfährt! . . ."

Der Colonel hatte sich ärgerlich ihr gegenüber in einen Sessel geworfen und stieß den Pallasch ungeduldig auf den Boden.

Die Jammernde erschrak. Sie schaute entsetzt auf und blickte ihn an, während die Thränen über die bleichen Wangen rannen.

Der Oberst fand keine Worte dem leichenblassen Mädchen gegenüber und dennoch lag ihm eine Frage auf der Zunge. Er schaute sie an und dann wieder vor sich nieder; er rückte verlegen auf dem Sessel.

„Wüßt' ich nur Name seiniges!" sprach er halb vor sich hin. „War Offizier, Verlobtes?" setzte er hinzu, indem er mit halbem Auge aufblickte.

„Oskar von Lauenthal! O, er war mein Leben! Mein Alles!" sprach sie fast tonlos, mit von Schmerz ermatteter Stimme.

Der Colonel starrte sie wieder an. Er trommelte ungeduldig mit den dicken, unbeholfenen, gebräunten und sommersprossigen Fingern auf den Tisch. Er mußte offenbar nicht, was er sagen solle und was er sagen wollte, brachte er angesichts dieses Schmerzes nicht so schnell und in der richtigen Form heraus. Um sich zu erleichtern, brummte er einige ungarische Worte vor sich hin.

„Bitt' ich um Verzeihung, Gnädiges?" sprach er endlich, als er das Mädchen erschöpft in sich versinken und Alles um sich her vergessen sah, während er noch immer unruhig hin und herrückte und das Mädchen fragend beobachtete. „Lauenthal ist Name von Verlobtes?"

In tiefstem Schmerz nickte Ernestine vor sich hin.

„Todt! Oskar todt!" hauchte sie vernichtet. Es schien, als könne sie das Unerhörte noch immer nicht fassen. Der Oberst schüttelte unwillig den Kopf.

„Wann todt ist Lauenthal, muß noch warm sein Kamerad gestorbenes!" sprach er mit theilnahmsvoller Miene vor sich hin. „Gestriges Nacht noch so frisch in Bivouak! Kamerad sehr braves!" . . .

Ernestine lauschte auf. Sie erhob das von Gram entstellte Antlitz und dies belebte sich; das Auge öffnete sich ängstlich gespannt; sie wollte sprechen und sie wagte nicht, aus Furcht, den schwachen Hoffnungsschimmer zu zerstören, den ihr die wenigen, in ihrem Schmerz auf= gefangenen Laute des alten Kriegers vor der Seele aufdämmern ließen.

„War sehr traurig, armes Kamerad gestern Abend in Bivouak, aber frisch und gesund!" sprach der Colonel weiter vor sich hin.

Ernestinens Augen weiteten sich, ihre beiden Hände streckten sich beschwörend aus.

„Hörte ich recht!" rief sie mit bebenden Lippen. „Sie sahen ihn gestern . . . gestern? Wiederholen Sie mir, daß Sie ihn gestern gesehen? O sprechen Sie, ich werde ihnen ewig dankbar sein!"

Der Oberst fixirte sie verwundert; dann schien er zu begreifen, was in dem Mädchen vorgehe. Er lächelte gutmüthig und erfreut.

„Spricht Mako Janos Altes immer die Wahrheit, Gnädiges!" sagte er in der Ueberzeugung, eine frohe Nachricht geben zu können. „War frisch und gesund gestriges Nacht in Zelt seiniges an Strebda!"

„Oskar lebt!" schrie das Mädchen aufspringend, seine Hand ergreifend aus und sie mit wilder Freude in den ihrigen pressend. „Er lebt! Er lebt! O, so ist Alles gut, Alles . . . Und dieser grausame Mensch, er hatte das Herz, ein armes, unglückliches Mädchen zu

täuschen, ihr das Leben zu brechen, indem er es kalt=
blütig belog, um . . ."

Ernestine riß sich gewaltsam los von der Erinne=
rung an das Ueberstandene.

„O, Sie sind so edel, so gut!" rief sie, immer noch
die Hand des alten Haudegens in der ihrigen haltend,
was er sich gern gefallen ließ. „Sie sind zu gut, als
daß Sie ein armes Mädchen mit falschem Trost hinter=
gehen könnten! Sagen Sie mir noch einmal, daß er
lebt, daß Sie ihn gesehen! Ich flehe Sie an, sagen
Sie es noch einmal!"

Der Alte lächelte, mit dem Kopf nickend. „Ist nix
passirt, nix todt!" . . . sagte er, gutmüthig ihren über=
schwänglichen Dank abwehrend.

„Aber jetzt lassen Sie mich meinen armen Vater
aufsuchen!" fuhr sie fort. „Ihnen vertraue ich! Auch
er muß die Freudennachricht haben, wenn er auch nicht
gewußt, was man mir gelogen! Ich will zu ihm! Ich
muß ihn finden, und sollt' ich die ganze Nacht hindurch
nach ihm suchen!"

Der Alte sah lächelnd der Freude des Mädchens zu.

„Sie, Herr Oberst," rief Ernestine, ihm an die
Brust springend, „Sie haben die Gewalt; Ihnen muß
dieser heimtückische Mensch, der mich hierherlockte, Ihnen
muß er gestehen, wohin er meinen Vater hat bringen
lassen, um mich in seine Gewalt zu locken . . . Nicht
wahr, Sie werden ihn zwingen, Sie werden ihm be=
fehlen?"

„Bassama, wann ich ihn sehe! In Arrest sofor=
tiges wegen Insubordination, noch heute Nacht, Schurke
verfluchtiges!"

Des Colonels Gedanken waren durch das Mädchen
wieder zu seinem pflichtvergessenen Untergebenen zurück=
geführt, der anstatt die erhaltene Ordre zum Antreten
beim Alarm zu befolgen, seine Leute betrunken gemacht,
um unter dem Schutz der allgemeinen Bestürzung seinen
Bubenstreich auszuführen. Mit väterlicher Herzlichkeit,

gerührt durch das Kindesvertrauen des Mädchens, legte er demselben die breite Hand sanft auf die Schulter.

„Will nicht heißen Mako Janos, wann wir nicht wiederfinden Vater Jhriges!" sagte er in gutmüthigem, zuversichtlichem Ton. Dann wandte er sich zu dem der weiteren Befehle gewärtig noch immer an der Thür stehenden Sergeanten und ertheilte diesem eine Ordre, der das Mädchen mit besorgter Miene lauschte, das Auge an seinen Lippen hängend, als wolle sie auf diesen die ihr unverständliche ungarische Sprache ent= ziffern.

Der Sergeant entfernte sich.

„Jst keine Noth, mit altes Soldat allein zu sein, Gnädiges," wandte er sich an das Mädchen zurück. „Sergeant bringt Ordre an Hauptmann! Leute von Bataillon meiniges, das keinen Postendienst hat, bei Citadelle gesehen worden! Bassama, werd' ich Ordnung schaffen! Will ich nicht Commandeur sein von Virbanti schuftiges; laß ich krumm schließen, wann schulbig! Nix libertà, wann nix Ordnung! Bassama teremtete, bin ich altes Soldat ungarisches ... Sergeant hat Ordre wann zurückgekehrt, Vater Jhriges in croce bianca suchen und hierherbringen; Lieutenant Arnsburg mar= schirt in Arrest, kann alsbann nix mehr thun armes Mabel unschulbiges! Aber müssen mir thun eine Liebe, Gnädiges!" setzte er schmunzelnd hinzu. „Kann ich nix sehen Mabel schönes in Kleiber garstiges! Wann Vater mit Sergeant kommen, soll sehen Kind schönes in Kleiber prächtiges von schönes Marquesa, was oben zurückge= lassen all sein Gewandel prächtiges sammt und seibenes, o sehr prächtiges!"

Der Oberst schien einen Gebanken gefaßt zu haben, der ihm sehr behagte. Schmunzelnd schritt er in den Hintergrund des Saales und riß an einer Schelle.

„Haben wir in Palazzo Weib altes, runzeliches; soll hinaufführen eine Stiegen Gast schön meiniges, und anthun Kleides seines seibenes, schlankes ... Bassama, werd' ich stolz sein auf Gast kleines, sauberes, wann ich seh' in herrliches Gewandel mit Schweif langes hinteres!"

Der alte Haudegen machte dabei eine komische Geste. Sein Plan schien ihm eine kindliche Freude zu bereiten. Er kehrte mit dem glücklichsten Lächeln auf dem breiten, fleischigen Gesicht zu dem Mädchen zurück, das staunend ihm zuschaute, stellte sich vor Ernestine, die beiden Hände in die mächtigen Hüften stemmend, und betrachtete sie mit dem Stolz eines Vaters.

Bewundernd murmelte er einige Worte in seiner Muttersprache vor sich hin; verlegen stand inzwischen Ernestine da, denn auch die Zärtlichkeit des alten Sabreurs ward ihr peinlich und der Gedanke an den Vater erhielt sie in größter Unruhe.

Eben tauchte durch eine Tapetenthür eine gebückte Weibergestalt auf, die sich langsam und mißtrauisch aus dem Halbdunkel näherte und in vorsichtiger Entfernung vor dem Obersten stehen blieb.

„Ah, ist schon da, Hexe runzeliches!" rief dieser sich zu der Alten wendend, die, einem mit schwarzem Merino behangenen Skelett ähnlich, die magren, spitzfingrigen Hände zusammengelegt dastand und mit widerspenstiger, äußerer Nothwendigkeit seinen Befehl erwartete.

„Befehlen, Signore Colonello!" tönte es trocken von den eingefallenen Lippen, während sie ihn mit schief gesenktem Kopf anschaute.

Der Oberst schien in einiger Verlegenheit, als er der alten Hausverwalterin in seinem Gast ein Mädchen vorstellen sollte; indeß diese half ihm entgegenkommend, denn sie schaute Ernestine mit boshaftem, fast spöttischem Lächeln an.

Er begann also, ihr zu erklären, wie die Signorina aus Furcht vor den Soldaten, unter denen sie, mit ihrem Vater weit her kommend, einen Verwandten suche, die Knabenkleider angelegt, wie es aber jetzt, da sie denselben gefunden, nothwendig sei, ihr das Beste aus der Garderobe der jungen Marquesa auszusuchen, bis sie ihre eigene Kleidung zur Stelle habe.

Der Colonel brachte das Alles in seinem italienisch=ungarischen Kauderwelsch so drollig hervor, daß er über sich selber lachen mußte. Die Alte hörte ihm mißmuthig zu, denn die Ragazzi hatten, wie es im Kriege zu ge= schehen pflegt, die schöne Garderobe ihrer geflüchteten Herrin schon arg zerzaust und der Gedanke an diesen Vandalismus erbitterte die Alte.

„Zu dienen!" antwortete der tief eingesunkene, zahn= lose Mund und mit süßsaurer Miene blickte sie auffordernd das Mädchen an, das unschlüssig dastand.

Der Oberst bedeutete der Alten, in einer halben Stunde müsse Alles geschehen sein und die Signorina wieder erscheinen. An nächtliche Ruhe sei nicht zu denken, er habe noch seine Befehle zu ertheilen, Ordon= nanzen abzusenden und müsse vor Tagesanbruch zur Strebda hinaus.

Mit freundlichem, zuredendem Lächeln reichte er dem Mädchen die Hand. Furchtsam und zaudernd blieb sie stehen und schaute zu ihm auf, als frage sie, ob keine Gefahr vorhanden.

„Ist Quartier meiniges! Bassama, bin ich Herr in Palazzo!" tröstete sie der Colonel und zögernd folgte Ernestine der Alten durch die Tapetenthür.

Ihm schien die Sache jetzt erst recht durch den Kopf zu gehen. Den Palasch abgürtend und auf den Tisch werfend schritt er im Saal auf und ab.

„Hat Lauenthal, Lieutenant, Braut so schönes und lauft davon!" brummte er vor sich hin. „Kann nur Schwab so dumm sein!"

Damit packte die mächtige Faust das Schloß der Thür und der wuchtige Tritt seiner Füße dröhnte auf dem Teppich des anderen Saales, den er für die Nacht bis zum Abmarsch dem Lieutenant überwiesen hatte, da nur der Alarm ihn gehindert, die Nacht im Lager zuzu= bringen.

———

X.

Schwere und dumpfe Takte hallten unten in dem dunklen Hofe des Palazzo. Die Mannschaft kehrte zurück; die geängstete Stadt war in die tiefste Ruhe zurückversunken.

Der Colonel hörte die Thür öffnen, während er im Saal unter dem großen Lustre saß und mit düsterer Miene, die Stirn in die Hand gelegt vor sich hinstarrte. Unwillig hob er den Kopf. Der Sergeant stand in militärischer Haltung auf der Schwelle.

Mako Janos legte die breite Hand über das Auge; ihm war's, als bemerke er einen dunklen Schatten hinter seinem erprobten Sergeanten.

Dieser, ein Flüchtling wie der Colonel, meldete in ungarischer Sprache, er habe die Mannschaft zurückgeführt, die ohne den Lieutenant abmarschirt sei; der Lieutenant sei verschwunden.

Der Colonel murmelte einen Fluch vor sich hin

„Hast Du den Mann gefunden?" fragte er.

Der Sergeant trat bei Seite und wandte sich zu der dunklen Gestalt, die hinter ihm eingetreten.

„Ich habe auf dem Rückmarsch die ganze Straße abgesucht nach einem Fremden und fand diesen alten Mann auf der Schwelle des croce bianca sitzen. Seiner Sprache nach ist er ein Schwab; ich habe ihn also zwischen uns genommen und hierhergeführt. Sehen Sie, ob er der Rechte ist "

Des Colonels riesige Gestalt hob sich aus dem Sessel. Während das Licht des Kronleuchters einen silbernen Glanz über die grauen Stoppeln seines Scheitels warf, schritt er majestätisch auf den Greis zu, der barhäuptig, in gebückter Haltung mit von Gram und Angst verzerrtem Gesicht dastand und furchtsam zu dem Koloß in der rothen Casacca aufschaute.

„Sind Sie Vater von Kind verlorenes?" fragte Mako Janos wider seinen Willen in barschem Commando= ton, während sein Auge mitleidig auf dem Zitternden ruhte.

Dieser hob mühsam das Gesicht zu dem Colonel.

„Sie wissen von meinem armen Kind, das in dem Gedränge der Flucht mir verloren gegangen? . . ." rief er mit von Schmerz und Angst halb ersticker Stimme. „Sagen Sie mir, Sie wissen von dem un= glücklichen Kind? Wo ist es? — ein armer, be= jammernswerther Vater fleht Sie an!"

Mako Janos mußte unwillkürlich lächeln; wie weich es ihm auch im Herzen war, die Haltung des Greises hatte für ihn etwas Komisches.

„Ist sich gar nicht so bejammernswerth, wenn man Tochter so schönes hat," lachte er, die Arme auf dem breiten Brustkasten kreuzend.

Werthmann fuhr erschrocken zusammen. Sein Kind war erkannt, es war in die Hände dieses riesigen Unholds gerathen, dem er Alles zutrauen zu dürfen glaubte, in die Hände von Soldaten wie die, in deren Mitte er hierher eskortirt worden! Sprachlos, mit gefaltet er= hobenen Händen, mit bebenden Lippen, die vergeblich um Gnade für sich und sein Kind zu flehen versuchten, stand er vor dem Koloß, dessen breites, rothbraunes Gesicht und verwilderter Bart ihn wie einen Menschen= fresser erscheinen ließen, an dessen Hüfte ein grimmiger Re= volver aus dem Futteral hervorschaute, dessen mächtige Hände sich eben von der Brust löſten, um sich nach ihm auszuſtrecken.

Mako Jonas sah, wie der Arme, zum Tode er= mattet, sich kaum noch aufrecht zu erhalten vermochte;

er trat näher an ihn heran; er legte die Hand auf die Schulter des an allen Gliedern Zitternden.

„Ist keine Noth", sagte er mit biedrem Lächeln, „wann Kind Ihriges schönes in Schutz von Mako Janos! . . . Wollt' nicht schlafen, Kleines, rief immer nach Vater seiniges! Ist oben in Zimmer von junge Marquesa flüchtige und zieht sich an Kleider sehr feine. Freu ich mich unsinnig, wann ich soll sehen in Schabracke vornehmes von Marquesa weggelaufene."

Werthmann war's plötzlich wohler, als er die tiefe Baßstimme des ihm wie ein Räuberhauptmann er= schienenen Colonel mit einer solchen, fast kindlichen Gut= müthigkeit reden hörte. Sein Kind war gefunden, um das er Stunden lang gejammert; sein Kind war offenbar in gute Hände gerathen, denn warum sollte dieser Mann, der, nachdem er das Mädchen erkannt, mit diesem nach Gutdünken hätte schalten können, warum sollte er ihm eine Unwahrheit sagen! Sein Kind mußte hier in diesem Hause sein, und was er für einen Akt solda= tischer Brutalität gehalten, als man ihn von der Schwelle des Gasthauses gewaltsam fortschleppte, es war die Für= sorge dieses Mannes gewesen.

Verwirrt, fast bewusstlos vor Freude und Ueber= raschung, ließ er sich von dem Colonel in den Saal zu einem Sessel führen und sank mit gebrochenen Gliedern auf diesem zusammen. Er vermochte kein Wort des Dankes hervorzubringen; seine Hand suchte zitternd nach der des Obersten; er bedurfte seiner beiden Hände, um die des Obersten zu umklammern, der schweigend dem Sergeanten einen Wink gab, sich zurückzuziehen.

In diesem Augenblick öffnete sich im Halbdunkel des Hintergrundes die Tapetenthür. Ein tockenes Hüsteln der alten Hausmeisterin ließ sich hören.

Mako Janos schaute auf, denn er vernahm zugleich ein leichtes Rauschen auf dem Teppich. Er erkannte eine schlanke Mädchengestalt mit leicht geröthetem Antlitz, das lockige, kurz geschnittene Haar über die Schläfen zurückgelegt, ein schelmisches Lächeln um die Lippen, wie sie in schleppendem schwarzem Sammet = Reitgewande hereinrauschte und während die Duenna an der Thür stehen blieb, in den Lichtkreis tretend, stolz aufgerichtet, mit der einen Hand die Schleppe hebend, selbstgefällig dastand.

Der Colonel schritt ihr freudig überrascht entgegen. Bewundernd hielt er einige Schritte vor ihr inne, trat seitwärts aus dem Licht, kreuzte die Arme auf der Brust und musterte das Mädchen, das ihm so klein und zierlich in den Knabenkleidern erschienen und jetzt als schlanke, graziöse Dame vor ihm stand.

„Eccellentissime!" rief er, sich in die Hände schlagend, die Gelegenheit benutzend, um sich an den jugendlich schönen Conturen des Mädchens satt zu sehen.

Ernestine selbst schien sich in dieser Toilette zu ge= fallen, denn das Kleid umschloß ihre Taille so fest, daß kein Fältchen die jugendliche Büste verunstaltete. Sie erröthete, als die Augen des Colonel ihr verriethen, daß das alte Soldatenherz sich im Anschauen erwärmte.

„Ich mußte schon aus der Noth eine Tugend machen," sagte sie, das Antlitz stets abwendend, um seinem Blick auszuweichen. „Es war das einzige Kleid, das der Verwüstungssucht der Soldaten entgangen."

„Schadet nichts!" rief Mako Janos lächelnd, als er zuschaute, wie des Mädchens Hand sich mühte, die un= regierliche Schleppe zu heben, ohne dem schaulustigen Colonel ihre zierlichen Füße preiszugeben.

„Werden wir abschneiden ein Stück hinteres von Gewandel sammetiges! . . . Hab' ich Idee ausgezeich= netes!" rief er sich in die Hände schlagend. „Werden wir Beide in der Früh in's Lager reiten; hab' ich oben gesehen Sattel weibliches von Marquesa! Werden Ka= meraden Alles Augen machen großes und sagen: wie kommt Mako Janos altes zu Fräulein junges und schönes! . . ."

Das Mädchen verstand seinen Plan und höher färbten sich ihre Wangen.

„Aber Bassama!" unterbrach er sich in seiner Bewunderung, „hätt' ich bald vergessen, daß Sergeant hat aufgelesen auf Schwelle von croce bianca altes Mann, das Vater Ihriges sein will!"

Der Colonel trat zur Seite und zeigte auf den Sessel, aus welchem Werthmann, seine Tochter erkennend, sich erhob. Unfähig, einen Schritt zu thun, stand dieser da, die Arme ausstreckend, die Lippen bebend, aber lautlos.

Ernestine schaute hin. Sie erkannte den Vater. Mit einem Freudenschrei raffte sie das Sammetgewand zusammen.

„Mein Vater! Mein armer, armer Vater!" rief sie und stürzte sich in die Arme desselben, ihn lange, lange umschlingend, dann mit Freudenthränen ihr Antlitz auf seine Schulter lehnend.

Mako Janos stand und sah der Scene zu. Endlich fuhr sich seine breite Hand über die Augen. Er wandte sich ab, sich seiner selbst schämend.

„O, wenn Du wüßtest, Vater, was ich habe erleben müssen!" rief sie schluchzend. Dann das Antlitz plötzlich erhebend, suchten ihre thränenfeuchten Augen den Colonel.

„Diesem Mann, Vater, danke auf Deinen Knieen, daß er Dein Kind aus den Händen eines Schurken errettet, dem Du so bereitwillig Vertrauen schenktest, der uns einen falschen Namen nannte, der uns Beide kennt und haßt, der uns von einander riß und mich hierher führen ließ unter dem Vorwande, ich solle Dich hier finden, und der . . ."

Sie verhüllte das Antlitz mit den Händen.

„O ich will nicht mehr daran denken; mir graut vor der Erinnerung! Vater, sage diesem edlen Mann Deinen Dank; denn ohne ihn . . . . nein, nein, Du hättest Dein Kind nicht wiedergesehen!"

Sie sah, wie der Vater nicht im Stande, sich zu

bewegen; sie ergriff seine Hand, sie stützte und führte ihm zum Obersten.

„Gössenem!" rief dieser, verlegen allen Dank ab= lehnend und die Zinnpfeife an den Mund legend, um den Sergeanten hereinzurufen, den er beauftragte, trotz aller nächtlichen Zeit ein Abendmahl von der alten Hausmeisterin zu erpressen.

Eine Stunde saßen alle Drei noch beisammen, und erst als der Sergeant von der croce bianca die kleine auf der Flucht vergessene Kassette unversehrt herbeige= holt, ließ Mako Janos durch die alte Duenna seine Gäste in die oberen Räume des Palazzo hinaufführen, um ihnen vor Sonnenaufgang noch einige Stunden der Ruhe zu bereiten.

XI

Erdrückende Sonnengluth lag bereits am frühen Morgen auf der Meerenge, als noch die Nebel über dem schwarzen Geklüfte der calabrischen Berge lagen.

Den Schatten suchend, hatten die Ragazzi sich in die schon halb verwüsteten Gärten der Dörfer, an den Fuß der Mauer gelagert, welche den staubigen Weg zum Faro begränzt.

Die Granaten= und Citronenbäume der Gärten ließen ihre zerhackten und zerbrochenen Aeste trauernd hängen, der pomo d'oro, der Liebesapfel, lag in Menge zertreten zwischen den indischen Feigen umher; von der Mauer hingen die langen schwertförmigen Blätter der Agaven, von den Säbeln oder Bajonnetten der vor= überziehenden Mannschaften zerschnitten, und in großen Tropfen blutete der Saft in den Staub der Straße hinab.

Die Nacht war ruhig vorübergegangen, seit der Alarm von der Citadelle geschwiegen, von dem man erzählte, er sei durch den Muthwillen oder die Bosheit eines Soldaten hervorgerufen. Einige Dutzend Boote mit Bewaffneten waren am Abend vom sicilianischen Ufer abgelassen, dann hatte sich Alles an das Abkochen begeben, soweit überhaupt die kümmerlichen Rationen geliefert worden, und mit der größten Seelenruhe, sicher vor einem unwahrscheinlichen Thatendrang der Realisten, der Königlichen, war das ganze Lager in tiefen Schlummer versunken.

Am frühsten Morgen, als der Tag zu dämmern begann, waren schon die Colonnen, darunter das bei Milazzo sehr inkomplet gewordene Bataillon des Colonel Mako, den Weg zum Faro hinabgezogen. Der große Sbarco stand nahe bevor; die Schiffe lagen bereit; man wartete auf das Signal.

Am Eingang des Gartens einer der fast zertrümmerten, nur noch in den Gürten hangenden Fischerhütten von Pontano, vor einem kleinen von Segeltuch dürftig errichteten Zelt lag schon um Sonnenaufgang eine Gruppe von Offizieren.

Die Blousen verriethen bereits die Strapazen des Marsches, der Gefechte, und dennoch war vor dem Einzuge in Neapel an eine neue Toilette nicht zu denken. Wild und kriegerisch umgaben die Bärte das Gesicht, das Käppi saß verwegen auf einem Ohr, die Cigaretten qualmten, während die Ordonnanz über dem am frischen Holz zischenden Feuer ein Gebräu kochte, das eine entfernte Aehnlichkeit mit dem Kaffee hatte.

Man plauderte von dem Sbarco, man machte seiner Sehnsucht Luft, die Insel hinter sich zu haben und die Königlichen drüben aus Reggio und dem Fort Cavallo hinauszujagen.

Es waren Offiziere aller Nationen, meist junge, kräftige Gestalten, und das Französische das Idiom, in welchem sie ihre Unterhaltung zu führen gewohnt. Mit einer gewissen Minderachtung, wenigstens militärischer Unzufriedenheit schauten sie auf die vorüberziehenden Truppen, deren vielfach jammervoller Zustand und Mangel an ausreichender Bewaffnung, deren taktische Unfertigkeit, deren ganzes Erscheinen das Gepräge einer Armee trug, die vor einigen Regimentern wirklich geschulter und gut armirter Soldaten nicht hätte bestehen können.

War's doch mehr der Zauber, der in dem Namen Garibaldi lag, vor welchem die Unhaltbarkeit der Zustände rettungslos zusammenbrach!

„Lauenthal, ich gäbe einen Monat meiner dürftigen Gage darum, wären wir erst aus dieser Sandbüchse erlöst, in der ich Tags faule Fische zu essen bekomme, im heißen Sand wie auf einem glühenden Rost liege und Nachts mit Spinnen und Tausendfüßen zu kämpfen habe!"

Einer der in dem vergilbten Grase liegenden Offi= ziere, ein junger Mann von eleganten aber doch ver= wilderten Manieren, rief das eben einem in den Garten tretenden Kameraden zu, der, den Säbel unter dem Arm, den Revolver an der Seite, das Käppi tief über die Stirn gedrückt, mit finsterer Miene an die Gruppe herantrat, sich nachlässig an der Seite des Sprechenden auf den Boden hinstreckte und mit einer Reitgerte den Staub von den bis zum Knie reichenden Stiefeln klopfte.

„Du bist immer verstimmt, hast das Heimweh noch nicht überwunden, hast offenbar was Liebes daheim ge= lassen, das Dir noch immer nicht aus dem Herzen will! . . . Armer Freund, das ist eine schwere Bagage in dem Feldzuge hier, in dem für uns Fremde ohnehin nicht viel Ehre zu holen ist!"

Dabei blickte er theilnehmend den Kameraden an, einen schönen, hochgewachsenen, kräftigen jungen Mann, das Ideal eines Garibaldino, mit tiefgebräuntem Antlitz, großen graublauen Augen, die offen und ehrlich in die Welt hineinschauten, dunkelblondem Haar und keck ge= kräuseltem Schnurrbart, von aristokratischer Haltung, die es nicht für der Mühe werth zu halten schien, sich in dieser Umgebung geltend zu machen.

Oskar von Lauenthal schien in der That in düsterer Stimmung. Wie er dasaß, halb liegend, den Arm auf den Stumpf eines gefällten Baumes lehnend, hob seine weiße, trotz dem Krieg zierlich gepflegte Hand das Käppi von der Stirn und fuhr mit der andern durch das Haar.

„Du kannst Recht haben," antwortete er phlegmatisch. „Ein Narr, der seine Schiffe hinter sich verbrennt, mit dem störrischen Trotz eines Buben der Welt daheim den Krieg erklärt und hinaus tobt und sich mit heißem Blut die Stirn einrennt!"

„Es ist uns Allen vielleicht nicht anders gegangen; die Klügsten wenigstens sind diejenigen, die zu Hause geblieben!" seufzte der Kamerad. „Eine Narrheit, für faule Gage und noch faulere Fische hier seine Haut zu Markte zu tragen und um der Freiheit Italiens willen, die mir im Grunde sehr gleichgiltig ist! ... Apropos, Lauenthal, hast Du gehört, der alte Mako hat heut in aller Früh den Diktator aufgefordert, Arnsburg vor ein Kriegsgericht zu stellen! Der alte Haudegen lässt nicht mit sich fackeln."

„Und Arnsburg ist eine intriguante, hinterlistige Seele, eine Memme vor dem Feind, die zu Hause hätte bleiben sollen," antwortete Lauenthal mit verächtlicher Miene.

„Man sagt, Arnsburg habe gegen den Befehl die Kompagnie, die er provisorisch führt, seit sein Hauptmann bei Milazzo gefallen, bei dem Alarm nicht antreten lassen. Oberst Mako will Arnsburg selbst attrapirt haben, wie er seine Leute während dem Alarm betrunken gemacht und inzwischen ein junges Mädchen, die Tochter eines Fremden, in sein Quartier gelockt unter dem Vorgeben, sie vor den Königlichen schützen zu wollen."

Lauenthal blickte finster vor sich hin.

„So wird ihm Recht geschehen!" sagte er im alten Ton. „Im Uebrigen passirt ihm, was auch anderen ehrenwerthen Offizieren daheim widerfahren kann! ... Ich selbst habe die Erfahrung machen müssen."

„Du, Lauenthal?" Der Kamerad erhob sich aus seiner Lage und blickte ihn befremdet an.

„Da die Sache keinen Fleck auf meine Ehre werfen kann, warum sollt' ich sie verschweigen," fuhr Lauenthal vor sich hin blickend fort.

„Du vor ein Kriegsgericht? ... Ich habe mir,

weiß Gott, schon heimlich den Kopf zerbrochen, wie Du, einer unserer besten, schneidigsten Officiere, in diese Armee gekommen! . . . Erzähle! . . ."

„Ich muß wohl, nachdem ich Dir so viel gesagt . . . Meine Ehre verlangt es; meine Kameraden könnten mich falsch beurtheilen, wenn die Sache ruchbar würde."

„Also laß' hören, Lauenthal! Die Geschichte interessirt mich ungeheuer! Du vor ein Kriegsgericht! Hast Du etwa Deinen eigenen Obersten gefordert?"

„So war es!" Lauenthal's Augenbrauen zogen sich düster zusammen; die Erinnerung stachelte ihn. „Ich verließ mein Regiment, meine Heimath, eine Braut, das schönste, liebenswürdigste Mädchen . . ."

„Ob ich's nicht gedacht habe!" rief der Kamerad. „Lauenthal, daß Du was Liebes daheim gelassen, das hab' ich mir immer vorgestellt . . . Aber erzähle! Ich habe Dir nie ein Geheimniß daraus gemacht, daß ich Schulden halber quittiren mußte, und ich mache auch kein Hehl daraus, daß ich diese Schulden noch einmal machen würde, wenn mir Jemand borgte! . . . Also heraus mit der Sprache!"

„Die Sache ist kleinlich, trivial, fast albern, aber sie beweist, durch wie wenig ein hoffnungsfrohes Menschen= leben aus seinem Geleise geworfen werden kann," fuhr Lauenthal fort. „Der Bruder meiner Braut diente als Freiwilliger in meinem Zuge. Auf meine Nachsicht in seinem Dienst zählend, gestattete er sich Dinge, die mir, der ich keineswegs eine solche übte, einen unverdienten Tadel meines Regimentschefs, ja sogar eine absichtliche Beleidigung zuzogen. Mein Blut kochte im Bewußtsein meines Rechts; ich vergaß mich so weit, ihn zu fordern . . . Erst als es geschehen, überlegte ich, daß er mich vor ein Kriegsgericht schicken werde . . . Ich ging zu meiner Braut; ich beklagte mich vor ihr und ihrem Vater über das Benehmen des jungen Mannes, der mich in eine so kritische Lage gebracht; ich vertraute ihnen an, was mir unfehlbar bevorstehe . . ."

„Sie hatten kein Verständniß dafür! Meine Braut
selbst schützte den Bruder gegen mich. Von Seiten ihres
Vaters mußte ich ein Wort hören, das wie ein Funke
in das Pulverfaß fiel, als ich ihn darauf aufmerksam
machte, daß im Dienst der Sohn des Reichen nicht
mehr gelte als der des Bettlers . . . Ich bin arm;
ich habe nichts als meinen guten Namen, besaß nichts
als mein Patent; er hingegen ist unermeßlich reich;
aber Gott ist mein Zeuge, daß ich seine Tochter nur
in wahrster, uneigennütziger Zuneigung liebte . . .

„Und dies eine Wort, das meine Braut nicht zu-
rückrief, es trieb mich von ihr!" schloß er verbissen,
seinen Groll erstickend. „Es schleuderte mich aus meiner
Carriere, es jagte mich aus dem Vaterlande, denn schon
in der nächsten Nacht ging ich über die Alpen . . . .
Ich, der ich früh verwaist, ich hatte Niemanden außer
ihr, dem ich hätte Lebewohl sagen können, nachdem
ich mein Abschiedsgesuch eingereicht, und der Abschied
von ihr . . . Das böse Wort, das in ihrem Beisein
von dem Vater in thörichter Blindheit für den Sohn
gesprochen, es blieb gesprochen, es hatte Alles, was
ich besaß, meinen Stolz, meine Ehre gekränkt; ich gab
auch dem Vaterlande meinen Degen zurück und ging
blindlings hierher, wo ich Vergessenheit suchte und . . .
nicht finden werde, wenn nicht eine Kugel einen Punkt
hinter diese verfehlte Lebensbahn setzt, wozu leider so
wenig Aussicht vorhanden!"

Der Kamerad schaute mit theilnehmendem Blick auf
das Profil Lauenthal's, dessen Auge sich in den Boden
festgebohrt. Er sah das Zucken in den Muskeln des
gleich ihm vom Schicksal Verbannten und trällerte in
melancholischen Cadenzen einen Seufzer vor sich hin,
als wolle er sagen: ja, so undankbar ist das Vaterland
gegen die besten seiner Söhne! als die Unruhe unter
einem kleinen Trupp halbzerlumpter Ragazzi, die sich,
am Ziel ihres Marsches, in den Vordergrund des

Gartens, an dem Eingang gelagert, seine Aufmerksam=
keit erregte.

„Diese Bande kann keine Ruhe halten!" brummte
er unwillig vor sich hin, während er zuschaute, wie die
Rothhemden sich um die Trommel sammelten und dicht
gedrängt sich über dieselbe beugten.

Hinter ihnen marschirten die Colonnen den Weg
entlang, der Staub wirbelte über der Gruppe auf und
legte sich in dichten Wolken auf die schon grau über=
zogenen Granatbäume.

Ein lautes Gelächter entstand unter den Ragazzi,
als einer den Gegenstand ihrer Neugier von der Trom=
mel hob und damit, von den andern gefolgt, zu einem
Baum schritt. In allen Idiomen machte sich die Freude
der Soldaten Luft, dann plötzlich stürzten Alle wie auf
ein Zeichen zur Trommel zurück und hier entstand ein
wildes Gezänk. Man hob die Fäuste gegen einander,
man stieß und drängte sich; die Habgier blitzte aus
den spitzbübischen Gesichtern der Streitenden.

„Was hat denn das Satansvolk da wieder! Wenn
ich nicht irre, sind sie von Oberst Mako's Leuten, der
doch wenig Federlesens zu machen pflegt!"

Während Lauenthal unempfänglich für die Um=
gebung, tief verdrossen, vor sich hinschaute, erhob sich
sein Kamerad und schlenderte, mit den Händen in den
weiten französischen Pantalons, zu dem Baum.

Ueberrascht blieb er vor demselben stehen und starrte
einen kleinen auf die Rinde gehefteten Gegenstand an.

„Lauenthal! rief er diesem lebhaft zu. „Komm her
und schau Dir dies einmal an; es wird gerade Dich
interessiren! Ich will mich selber an diesem Baum hier
hängen lassen, wenn die kleine Photographie da nicht
Dein leibhaftiges Portrait ist! Ja, ich mich sogar
anheischig machen, auf den Epaulettes die Nummer
Deines früheren Regiments zu erkennen .... Wie
kommt das in die Hände dieser Spitzbuben! Du soll=
test Deine Habseligkeiten besser verwahren, denn sie

müssen Dir über Deinen Koffer gegangen sein . . . .
Aber hörst Du denn nicht?" rief er, sich zu dem nur
halb aufmerksam gewordenen Kameraden zurückwendend.
„Ich gebe Dir mein Ehrenwort, es ist Dein Porträt!"

Lauenthal hatte sich langsam und unmuthig er=
hoben. Der Kamerad hatte das Miniaturbild vom
Baum genommen und schritt an der noch immer zan=
kenden Gruppe vorüber ihm entgegen.

„Da sieh', Du Zweifler!"

Er hielt ihm das Bildchen vonder Größe eines
Tauben=Ei's entgegen. Lauenthal starrte es erschreckt
an; er ward bleich, dann stieg ihm das Blut in
Wangen und Stirn. Seine Augenbrauen zogen sich
düster zusammen.

„Da steht auch hinten ein Datum drauf!" fuhr der
Kamerad fort.

Lauenthal hatte inzwischen hastig die Hand ausge=
streckt; zitternd hielt dieselbe das Miniaturbild; seine
Auge weitete sich; seine Zähne preßten sich zusammen.

„Ernestine!" murmelte er kaum verständlich. Dann
wild aufschauend: „Wie kommt dieses Bild hieher!
Ich ließ es in den Händen meiner Braut!" . . .

„Deiner . . . Braut! . . . Ja, das wäre allerdings
etwas räthselhaft!"

Der Kamerad sprach das gedehnt und langsam.

„Ein Bild, das Du in den Händen Deiner Braut
gelassen, wenn Du Dich nicht irrst, ist allerdings eine
unbegreifliche Kuriosität auf dieser sonst an Seltenheiten
sehr ausgiebigen Insel!"

Lauenthal war noch in derselben Aufregung. Jetzt
sank die Hand mit dem Bild, er legte die andre sinnend
an die Stirn wie Einer, der sich aus dem Traum
wecken möchte.

„Vielleicht gibt's da noch mehr Ueberraschungen!"
Der Kamerad schaute auf die etwa dreißig Schritt
entfernte Gruppe der Ragazzi, von denen sich ihrer

6*

fünf um die Trommel gelagert. Der Würfelbecher, der sie stets begleitete, rasselte auf der Trommel.

Mechanisch schritt er heran und beugte sich über die Ragazzi. Ein mit Brillanten besetztes Medaillon blitzte ihm von der Eselshaut entgegen. Die Burschen würfelten offenbar um dasselbe. Gierig hingen ihre Augen an dem glänzenden Ding.

Schnell entschlossen griff der Lieutenant über die Köpfe der Dasitzenden.

„Maledetto!" schrie einer von ihnen auf, die Hand nach dem Arm ausstreckend, um ihn zu packen, zog sie aber zurück, als er den Lieutenant erkannte.

„Lauenthal, sieh' her!" rief der Kamerad, das Medaillon hoch hebend. „Erkennst Du vielleicht auch dies? Gestohlen haben es die Kerle ohne allen Zweifel! Ein Medaillon mit Brillanten besetzt!"

Mit wenigen Schritten war Lauenthal zur Stelle. Er entriß dem Kameraden das Medaillon und erkannte das in kleinen Brillanten auf demselben blitzende Monogramm.

„Beim ewigen Gott, es gehört Ernestine!" zitterten seine Lippen.

„Ernestine! . . . Das ist der Name Deiner Braut?" fragte der Kamerad, in hohem Grade interessirt.

„Ernestine!" sprach Lauenthal vor sich hin . . . „Aber wie kommt dies hieher! Sie trug es an der Brust!"

„Eine beneidenswerthe Stelle!" rief der Kamerad. „Aber", setzte er schnell hinzu, „anstatt uns den Kopf zu zerbrechen, wollen wir sofort ein Verhör mit den Kerlen anstellen, die mir ihren Gesichtern nach wie die Blüthe der sicilianischen Canaillen erscheinen!"

Er wandte sich zu den Ragazzi, die in getäuschter Habgier mit unterdrückter Wuth auf Lauenthal schauten, während der eine, sein Gewehr auf den Boden stoßend, einen Fluch vor sich hinbrummte.

„Holla, Ihr da!" rief der Kamerad, mit gekreuzten

Armen vor sie tretend, in perfektem Italienisch. „Wie
seid Ihr zu dem Bild und zu dem goldnen Ding da
gekommen? . . . Redet die Wahrheit!“

Keiner wollte mit der Sprache heraus. Mit ver=
stecktem, hinterlistigem Blick schauten sie einander fra=
gend an.

„Redet!“ schrie der Lieutenant sie an, „oder . . .“
Er griff nach seinem Revolver.

Einer packte sein rostiges Gewehr und schüttelte es
wüthend; sein Nachbar legte ihm beschwichtigend die
Hand auf den Arm.

„Wir haben das redlich erworben!“ antwortete er,
mit frechem Gesicht vortretend, in sicilianischem Dialekt.
„Wir haben es von einer fremden Dame.“

„Von einer fremden Dame?“ Lauenthal fuhr zu=
sammen; er war vor Ueberraschung keines Wortes
mächtig, während sein Kamerad die Frage wiederholte.
„Wo fandet Ihr die fremde Dame?“

„Sie war im Zimmer bei unserem Offizier!“

„Bei Eurem Offizier?“

„Die Wahrheit, Signore!“ bekräftigte ein Andrer.

„Schweig'!“ herrschte der Lieutenant ihn an und
wandte sich wieder zu dem Ersten.

„Wie kam die Fremde zu Eurem Offizier?“

„Das weiß ich nicht! Sie war in der Nacht bei
ihm. Dann kam sie zu uns hinüber und der Offizier
rief uns zu: „Nehmt sie! Sie ist Euer! Und da haben
wir denn die Signorina und das goldne Ding da ge=
nommen, das sie an der Brust trug. Es ist unser!
Der Offizier hat es uns geschenkt, als er die schöne
Signorina wahrscheinlich satt hatte und sie aus seinem
Zimmer ließ.“

Schweigend, sprachlos vor Schreck über diesen Auf=
schluß starrten die beiden Offiziere einander an. Lauenthal's
gebräuntes Antlitz war fahl, aschgrau, kein Tropfen
Bluts in seinen Wangen. Seine bleichen Lippen beb=
ten, die an seinem Arm hängende Reitgerte zitterte an

demselben, denn die Aufregung schüttelte plötzlich seinen Körper.

„Unbegreiflich!" sprach der Kamerad vor sich hin. „Nach der Aussage dieser Schufte muß deine Braut hier sein, Lauenthal! Gott mag wissen, wie sie hierher gekommen, aber sie muß in diesem Getümmel in schlimme Hände gerathen sein. Ich wage mir kaum eine Vorstellung davon zu machen . . . Wie heißt der Offizier?" wandte er sich an den Ragazzo zurück.

„Weiß nicht, Signore!" Der Soldat schüttelte den Kopf und schaute dann die Uebrigen an, als möchten diese den Namen kennen.

„Hier ist er, Signore!" rief einer der Soldaten plötzlich, den Arm ausstreckend und auf den Eingang des Gartens deutend, an dessen schief gesunkenem Thürrahmen eben eine hohe schlanke Offiziersgestalt erschien, die scheinbar unbeschäftigt, unsicher und zögernd in den Garten blickte und durch den Staub die darin Anwesenden zu erkennen suchte.

„Arnsburg! . . . der Schuft!" Lauenthal hatte die Sprache beim Anblick dieses Mannes wieder gefunden. Sich hoch aufrichtend, packte seine Hand die am Gelenk derselben hängende Reitgerte. Glühend roth stieg das Blut kochend in seine Wangen, in die Stirne; das Auge aus den Höhlen hervorquellend, stand er da, den zaubernd in den Garten Tretenden anstarrend.

„Beim Himmel, ich weiß mir das Unbegreifliche nicht zu erklären, aber die heimtückische Miene dieses Feiglings gibt mir eine Ahnung . . ."

Während sein Kamerad in derselben Richtung blickte und Arnsburg erkannte, der ihm wie gerufen erschien, sah er Lauenthal, wie dieser auf den letzteren zuschritt, den Arm erhob und ihm mit der Reitgerte einen Hieb über das Gesicht versetzte, daß er zurücktaumelte und sich mit der Hand an den Thürpfosten klammerte. Fast gleichzeitig griff die andere zum Revolver und geblendet durch den Schmerz der Gesichtsmuskel gab er Feuer in dem Moment, wo ein kräftiger Arm die Waffe in die Höhe schlug.

Die Kugel pfiff über Lauenthal's Kopf fort und schlug einige Zweige der Granate herab. Der Kamerad, der schnell herzugesprungen und dem Geschoß eine andere Richtung gegeben, hatte Arnsburg's Arm erfasst.

In dem Moment fühlte dieser, im Thor stehend, eine kräftige Faust auf seiner Schulter.

„Mörder feiges, schwäbisches!" donnerte ihm die Stimme seines Obersten in's Ohr. „In Arrest sofortiges!"

Die Hand wuchtig auf des falschen Lubowitz Schulter pressend, gab er, zur Straße gerichtet einen Wink in dieselbe.

„Stephan!" schrie er mit seiner den Lärm der marschirenden Kolonnen beherrschenden Stimme, und im nächsten Augenblick stand seine Ordonnanz, der Sergeant, neben ihm.

Er selbst, den Lieutenant unter dem Druck seiner wuchtigen Hand haltend, zog ihm den Säbel aus der Scheide, ohne Widerstand zu finden, und in der von den vorübermarschirenden Kolonnen aufgeworfenen Staubwolke verschwand der Arrestant zwischen dem Sergeanten und einem Ragazzo.

Triumphirend blickte jetzt Mako Janos auf Lauenthal und den verblüfft neben ihm stehenden Kameraden, während die um die Trommel stehenden Rothhemden beim Anblick des Gefürchteten scheu zur Seite schlichen.

Gutmüthig lächelnd schritt dieser auf Lauenthal zu, der erhitzt von Aufregung, verwirrt, das Herz voll Bitterkeit dastand und ihn gleichgiltig kommen sah.

„Find' ich Kamerad gesuchtes! Hab' ich Ueberraschung kostbares!" rief er, Lauenthal die Hand reichend und ein treuherziges Lächeln verklärte das breite Sarmatengsicht mit den starken Backenknochen „Bitt' ich um Verzeihung, Kamerad," wandte er sich zu dem Anderen, „wann ich nix Ueberraschung hab' auch für ihn!"

Damit schob er seinen Arm unter den Lauenthals und führte den Verwirrten zum Thor.

„Ist nicht weit von hier Ueberraschung ... Muß ich bitten nur Schritt weniges!" sagte er geheimnißvoll lachend.

Beide standen in der stauberfüllten Straße. Der Oberst zog seinen Gefährten an den ihnen entgegenkommenden Kolonnen entlang zu dem nächsten Fischerhaus, vor dem ein Posten schilderte.

„Ist da im Haus drinnen Ueberraschung meiniges," sagte er, Lauenthal durch den Garten zu der niederen Thür der Fischerhütte führend und mit so pfiffigem Gesicht, als freue er sich schon auf die Wirkung.

Lauenthals Fuß aber haftete schon in kurzer Entfernung von der Thür am Boden. Er starrte vor sich; ihm war's, als stehe er im Traum; er blickte wieder auf mit weit geöffnetem Auge ...

Da stand in der Thür der Hütte eine schlanke, graziöse Frauengestalt in schwarzem Sammetgewande, dessen Schleppe eben der weißen Hand entfiel, als sich zwei Arme dem Erschrockenen entgegenstreckten und zwei Lippen mit lautem Aufschrei seinen Namen riefen.

Der Oberst war zur Seite getreten; sein rothbraunes Antlitz verklärte sich vor heimlicher Wonne. Der Posten stand, auf das Gewehr gelehnt, verwundert da und schaute zu. „Oskar! mein Oskar!"

Lauenthal sah das Mädchen auf ihn zueilen; er fühlte sich von ihren Armen umschlungen, ehe er in seiner Verwirrung es hindern konnte. Ernestine, seine Braut, hing an seiner Brust; sie umklammerte ihn leidenschaftlich; sie lächelte ihm mit himmlischer Freude in's Antlitz; sie rief seinen Namen, um den wie Erstarrten zum Leben, zur Wirklichkeit zu wecken.

„Du siehst, Oskar", rief sie, als er ihr endlich mit schwerem Vorwurf in's Auge blickte, mit einem Vorwurf, der unversöhnlich zu sein versuchte, „Du siehst, wie ich den einzigen Augenblick bereut, wo ich schwanken konnte

zwischen meiner Liebe zum Vater und zu Dir, wo mir
die Fassung, der Muth für das versöhnende Wort
fehlte, — das Wort, das ich in meiner Angst erst
fand, als Du gegangen, das Du hören solltest, wenn Du
am nächsten Tage wieder kamst! ... Aber Du warst
fort; kalt, grausam, unversöhnlich warst Du gegangen,
Du mit Deinem Stolz, Deinem Starrsinn! Und jetzt
sind wir Beide hier, Dich zu suchen; der Vater ist mit;
auch er will Dich um Verzeihnng bitten, denn er hat es
ja so böse nicht gemeint! ... O zürne nicht mehr,
Oskar! Zürne nicht! Ich verdiene es ja nicht!
Wüßtest Du, wie viel Thränen ich um Dich geweint!"

Ernestinens Freude war allmälig verstummt, als sie
die Züge ihres Geliebten sich immer mehr verfinstern
sah. Trostlos suchte sie das Antlitz an seiner Brust zu
bergen.

Er aber schob sie schonend, doch entschlossen zurück. Er
hob die Hand, in der er noch das unselige Medaillon hielt.

„Und dies hier? rief er mit vor Aufregung zitternder
Stimme. „Erkläre mir, wie dies in die Hände jener
Soldaten dort kam!"

Ernestine schaute hin. Sie erbleichte; sie stützte sich
auf seinen Arm. Die Sprache versagte ihr; die Lippen
zitterten tonlos.

„Ich wiederhole meine Frage!" rief Lauenthal
dringender, finsterer noch, mit knirschender Stimme.

„Ach, ich hatte die entsetzliche Scene vergessen . . .
vergessen in meiner Freude, Dich wieder zu haben!"
sprach sie vor sich hin, während ihr Auge ihn nicht anzuschauen wagte.

Die hohe Gestalt des Obersten stand plötzlich dicht
neben ihnen.

„Ist wahrscheinlich Medaillon selbiges, was Fräulein
gnädiges Soldaten schuftiges abgestohlen haben!" rief
er, Lauenthal die Hand auf den Arm legend. „Hat
mir geklagt Leid großes, armes Fräulein, weil verloren
Medaillon schönes mit Conterfei von Geliebtes, wann

Lieutenant meiniges, was in Arrest gegangen, sich hat wollen vergreifen an Fräulein schönes, tugendhaftiges!"

„Arnsburg also dennoch! Dieser Schurke!" knirschte Lauenthal zwischen den Zähnen.

„Oskar, Du wirst ja Alles erfahren! Nur jetzt trübe meine Freude nicht! ... Dieser Mann", Ernestine ergriff Mako's Hand, „er ist mein Schutzgeist gewesen, als man gestern Abend in der allgemeinen Flucht mich von dem armen Vater getrennt und in einen Hinterhalt führte unter dem Vorgeben, mich zu meinem Vater zurückzubringen .. Aber jetzt, laß' vergessen sein! Sag' mir, daß Du vergeben hast, daß Du mir nicht mehr zürnst!"

Lauenthal bedurft einiger Sekunden, um sich das Gehörte klar zu machen. Sinnend schaute er nieder, des Mädchens Anblick vermeidend. Die Aufregung zitterte noch in ihm fort. Erst der heiße, flehende Druck ihrer Hand rief ihn auf, gemahnte ihn, der Scene in dieser Umgebung ein Ende zu machen. Ernst und seine Aufregung bemeisternd, ohne sie anzuschauen, wollte er ihre Hand an seine Lippen führen. Sie litt es nicht, sie umschlang ihn mit ihren beiden Armen und bot ihm die Lippen zum Kuß. Schweigend, noch immer nicht ganz versöhnt, litt er ihre Umarmung.

Mako Janos stand da, beide Hände nach seiner Gewohnheit in die Hüften stemmend. Seelenvergnügt lächelte er, als er die Lippen des schönen Paares lange und innig verschmolzen sah.

„Bin ich Schutzgeist!" sprach er lachend vor sich hin. „Muß ich zuschauen, wann Schützling meiniges schönes Bräutigam ihres küßt!"

Das Mädchen hörte die Resignation des alten Haudegens. Sie riß sich aus den Armen des Geliebten, sie schaute den Alten schelmisch, überglücklich lächelnd an. Dann packte sie mit beiden Händen die schwere, den Fuß belästigende Sammetschleppe und sprang zu ihm.

„O nein!" rief sie lächelnd und bot auch ihm mit der Miene eines übermüthigen Kindes die gespitzten rothen Lippen.

Und Mako Janos beugte sich mit komischer Unge=schicklichkeit zu ihr nieder und ließ sich einen Kuß auf den verwilderten Bart drücken.

„Bassama!" schmunzelte er, als das Mädchen zu dem Geliebten zurücksprang und diesen, um ungestört zu sein, widerstandslos in die Hütte zog. „War das Kost sehr seltenes für Mako Janos graubärtiges!"

*   *   *

Vier Wochen später saß der Oberst in seiner rothen Blouse, das dunkle Halstuch um den braunen, kräftigen Hals geschlungen, nur den Bart gekämmt, das graue stachelschweinartig auf seinem Kopf sich sträubende Stoppelhaar heute einmal fein mit Pommade getränkt, an der Tafel eines Salons im Hotel de Rome an Santa Lucia in Neapel.

Er war von Capua hereingekommen, wo seine wieder completten Bataillone vor Gaëta lagen, um bei seinen Freunden zu speisen.

Mit glücklichen Augen schaute er auf Lauenthal, Ernestine und den Vater, der bei der Ankunft in Neapel nach so viel Aufregung und Mühsal erkrankt und erst kürzlich wieder genesen war.

Lauenthal hatte seine Abschied genommen. Man sollte morgen mit demselben Messagerie=Schiff heimwärts reisen, mit welchem Werthmann und seine Tochter in Messina angelangt.

Es war also ein letztes Wiedersehen und weh=müthiger ward des alten, biedern Haudegen Stimmung, als nach Aufhebung der Tafel schon die Sonne über dem Golf zu sinken begann und ihn an die Rückkehr in's Lager mahnte. Wehmüthiger noch, als Stephan in die Thür des Salons trat uab meldete, daß die Pferde bereit seien.

Es war ein herzlicher, schmerzlicher Abschied. Die Stimme des Alten war weich und gerührt, als er seinem Schützling zum letzten Mal die Hand reichte; sein Auge war feucht und eine Thräne rann in die dasselbe umgebenden tiefen Krähenfüße, während es noch ein letztes Mal versuchte, sich die lieblichen Züge des Mädchens unvergeßlich in's Gedächtniß zu prägen.

„Nicht wahr, Herr Oberst", rief Ernestine während ihre Hand mit treuem, weichem Druck in der seinigen ruhte, „wenn der unselige Krieg hier vorüber ist, kommen Sie nach Deutschland, uns zu besuchen, oder wenn Sie in Ihre Heimat zurückkehren, geben Sie uns einen Wink, und Oskar und ich wir eilen, um unsern theuren Freund noch einmal wieder zu sehen!"

Der Oberst schüttelte traurig den Kopf. Er preßte noch einmal Ernestinens und Lauenthals Hände.

„Werd' ich nie wiedersehen Alles, was Mako Jonas altes hat so lieb gehabt!" sprach er mit fast versagender Stimme. „Hat Kaiser gesetzt Preis sehr hohes auf Kopf meiniges, ganz dummes!"

Er wandte sich ab, fuhr sich mit der Hand über die Augen und schritt hinaus.

Noch einmal schauten sie ihm nach vom Balkon aus, wie er einen letzten Gruß mit dem Käppi in der Hand hinaufwinkte, wie er dann dem Pferde die großen Reiterstiefel in die Flanken drückte und in der Richtung nach Santa Maddalena verschwand.

———

Druck von Thormann & Goetsch, Berlin S.W.